Lassy Mbouity

Histoire de la République de Madagascar

2

Lassy Mbouity, né le 15 octobre 1988 à Brazzaville, est un écrivain et homme politique congolais. Il est actuellement un organisateur de communauté en Afrique, en Europe et aux États-Unis.

Du même auteur

Histoire de la République du Congo

Histoire de la République démocratique du Congo

Histoire de la République centrafricaine

Histoire de la République gabonaise

Histoire de la République de Côte d'Ivoire

Histoire de la République de Guinée

Histoire de la République du Mali

Histoire de la République du Tchad

Histoire de la République du Sénégal

Histoire de l'Afrique

Autonomisation politique de la jeunesse africaine

La lutte contre la corruption et les conflits d'intérêts

Révolution de l'éducation africaine

L'Afrique après l'Asie

Table des Matières

Introduction

Préhistoire, Moyen-âge

Premiers habitants de Madagascar

Naissance des clans (700-1500)

Les clans Vazimbas internes

Austronésiens

Bantous (IXe siècle)

Les contacts Européens (1500)

Établissements Européens

Pirates et esclavagistes

Époque féodale (1500-1895)

La montée des grands royaumes

Sakalava

Royaume d'Imerina ou Royaume de Madagascar

Conflit Hova-Vazimba

Expansion de la souveraineté

Division et guerre civile

Réunification du Royaume de Madagascar

La colonisation française et la Charte de Lambert

Géographie du Royaume de Madagascar

Organisation sociale

Système de castes

Religion

Les sacrifices

Organisation politique

Défense

Système de justice

Économie et commerce

Technologie

Expédition de Madagascar ou Guerres Franco-Hova ou Guerres Franco-Malgaches

Contexte

Première Guerre Franco-Hova ou première expédition de Madagascar

Influence britannique

Intérêts français grandissants

L'expédition

Deuxième Guerre Franco-Hova ou Deuxième expédition de Madagascar

Contexte

L'expédition

Conséquences

Fin de la monarchie de Merina

Le roi Andrianampoinimerina

Le roi Radama I (1810-1828)

Reine Ranavalona I (1828-1861)

Radama II

Reine Rasoherina (1863-1868)

Ranavalona II

Ranavalona III

Reconnaissance internationale et modernisation du Royaume (1817-1895)

La colonisation française

Révolte et décolonisation (1947-1960)

Indépendance

Première République (1960-1972)

Deuxième République (1972-1991)

Troisième République (1991-2002)

Gouvernement

Politique

Sécurité

Divisions administratives

Économie

Ressources naturelles et commerce

Infrastructure et médias

Santé

Éducation

Démographie

Groupes ethniques

Liste des groupes ethniques

Langues

Religion

Culture

Sport et loisirs

Cuisine malgache

Cuisine contemporaine

Accompagnement (laoka)

Aliments de rue

Desserts

Boissons

Géographie

Climat

Écologie

Problèmes environnementaux

Introduction

Madagascar, officiellement République de Madagascar et anciennement connue sous le nom de République Malgache, est un pays situé au large des côtes de l'Océan Indien.

La nation comprend l'île de Madagascar (la quatrième ou cinquième plus grande île au monde) et de nombreuses petites îles périphériques.

Après la dissolution préhistorique du supercontinent Gondwana, Madagascar s'est séparé de la péninsule indienne il y a environ 88 millions d'années, permettant aux plantes et aux animaux indigènes d'évoluer dans un isolement relatif.

Par conséquent, Madagascar est un point chaud de la biodiversité; plus de 90% de sa faune n'est trouvée nulle part ailleurs sur Terre.

Les divers écosystèmes de l'île et la faune unique sont menacés à cause de la population humaine en pleine croissance et des autres menaces environnementales.

Les premières preuves archéologiques humaine sur Madagascar remontent à 2000 ans avant Jésus-Christ (J-C).

L'établissement humain de Madagascar s'est produit 350 ans avant J-C par des peuples Austronésiens arrivés par pirogues de Bornéo, une île du sud-est asiatique.

Ceux-ci ont été rejointes vers l'an 1000 par des migrants bantous traversant le Canal du Mozambique depuis l'Afrique de l'Est.

D'autres groupes ont continué à s'installer à Madagascar avec le temps, chacun contribuant durablement à la vie culturelle malgache.

Le peuple malgache est divisée en 18 sous-groupes, dont les plus grands sont les Merina des hauts plateaux centraux.

Jusqu'à la fin du XVIIIe siècle, l'île de Madagascar a été gouvernée par un assortiment fragmenté d'alliances sociopolitiques mouvantes.

À partir du début du IXXe siècle, la plupart de l'île a été unie et gouverné comme un Royaume par une série de nobles Merina.

La monarchie s'est effondrée en 1897 lorsque l'île a été absorbée par l'empire colonial français, avant d'obtenir son indépendance en 1960.

L'état autonome de Madagascar a depuis subi quatre périodes constitutionnelles majeures, appelées républiques.

Depuis 1992, la nation est officiellement gouvernée comme une démocratie constitutionnelle depuis sa capitale Antananarivo.

Madagascar est membre des Nations Unies, de l'Organisation internationale de la francophonie et de la Communauté de développement de l'Afrique australe (SADC).

En 2012, la population de Madagascar a été estimée à un peu plus de 22 millions, dont 90% vivant avec moins de 2 dollars américains par jour.

Le malgache et le français sont les deux langues officielles de l'Etat.

La majorité de la population adhère aux croyances traditionnelles, au christianisme, ou à une fusion des deux.

L'écotourisme et l'agriculture, jumelés à des investissements plus importants dans l'éducation, la santé et l'entreprise privée, sont des éléments clés de la stratégie de développement de Madagascar.

Sous Ravalomanana, ces investissements ont produit une croissance économique substantielle, mais les bénéfices n'ont pas été uniformément répartis dans l'ensemble de la population, créant des tensions sur le coût de la vie croissant et la baisse du niveau de vie des pauvres et de certains segments de la classe moyenne.

À partir de 2014, l'économie avait été affaiblie par la crise politique et la qualité de vie est restée faible pour la majorité de la population malgache.

Dans la langue malgache, l'île de Madagascar s'appelle Madagasikara et son peuple Malagasi ou Malagasy.

L'appellation de l'île "Madagascar" n'est pas d'origine locale, mais a été popularisée au Moyen Âge par les Européens.

Le nom Madagasikara a d'abord été enregistré dans les mémoires de l'explorateur vénitien du 13ème siècle, Marco Polo, comme une translittération corrompue du nom Mogadiscio, le port somalien avec lequel Polo avait confondu l'île.

En 1500, l'explorateur portugais Diogo Dias débarqua sur l'île la baptisa São Lourenço (Saint-Laurent).

Le nom de Polo a été préféré et popularisé sur les cartes du monde.

Aucun nom de langue malgache avant Madagasikara semble avoir été utilisé par la population locale pour désigner l'île.

L'histoire de Madagascar se distingue nettement par l'isolement précoce de la masse continentale des anciens supercontinents contenant Africain et Indien et par la colonisation tardive de l'île par les colons arrivés en pirogues entre 200 ans avant J-C et 500 ans après J-C.

Ces deux facteurs ont facilité l'évolution et la survie de milliers d'espèces animales et végétales endémiques, dont certaines ont disparu ou sont actuellement menacées en raison des pressions d'une population humaine croissante.

Au cours des deux mille dernières années, l'île a reçu des vagues de colons d'origines diverses, notamment les Austronésiens, les Bantous, les Arabes, les Asiatiques du Sud, les Chinois et les Européens.

La majorité de la population de Madagascar est aujourd'hui un mélange d'Austronésiens, de Bantous, d'Indien du Nord, d'Arabes et de Somaliens.

Des siècles d'intermariages ont créé le peuple malgache, qui parle principalement le malgache, une langue austronésienne avec des influences bantoues, malaises, arabes, françaises et anglaises.

Cependant, la majeure partie de la composition génétique du Malgache moyen reflète un mélange presque égal d'influences austronésiennes et bantoues, en particulier dans les régions côtières.

D'autres populations se sont souvent mêlées avec la population existante à un degré plus limité ou ont cherché à préserver une communauté distincte de la majorité malgache.

Au Moyen-âge, plus d'une douzaine d'identités ethniques prédominantes avaient émergé sur l'île, caractérisées par les règnes de chefs locaux.

Parmi certaines communautés (comme les Sakalava, les Merina et les Betsimisaraka), les dirigeants ont saisi l'occasion de réunir le peuple et d'établir de véritables royaumes sous leur domination.

Ces royaumes ont accru leur richesse et leur pouvoir grâce à des échanges avec les commerçants européens, arabes et d'autres marins, légitimes ou pirates.

Entre les XVIe et XVIIIe siècles, l'activité des pirates dans les zones côtières de Madagascar était commune et la célèbre colonie de pirates libres de Libertatia a été établie sur l'île Sainte-Marie, à l'origine peuplée par les Malgaches locaux.

Les royaumes Sakalava et Merina en particulier exploitaient le commerce européen pour renforcer le pouvoir de leurs royaumes, échangeant des esclaves malgaches en échange d'armes à feu européennes et d'autres biens.

Tout au long de cette période, les marins européens et arabes ont échangé avec les communautés côtières mais les Européens ont fait plusieurs tentatives infructueuses pour revendiquer et coloniser l'île.

À partir du début du XXIe siècle, les avis des empires coloniaux britanniques et français sur le sujet de l'influence politique de Madagascar, étaient partagés.

Au tournant du XXIe siècle, le roi Andrianampoinimerina avait réuni le très peuplé Royaume d'Imerina ou Royaume de Madagascar, Fanjakan'Imerina, Fanjakan'i Madagasikara, situé dans les hauts plateaux centraux avec sa capitale Antananarivo.

Son fils, Radama I, commença à exercer son autorité sur les autres régimes de l'île et fut le premier souverain malgache à être reconnu par les puissances étrangères comme le souverain du grand Royaume Merina.

Au cours du XIXe siècle, une série de monarques Merina s'est engagée dans le processus de modernisation par des liens diplomatiques étroits avec la Grande-Bretagne qui ont mené à la création d'écoles, d'institutions gouvernementales et d'infrastructures de style européen.

Le christianisme, introduit par les membres de la Société missionnaire de Londres, a été choisi comme la religion de l'état sous la Reine Ranavalona II.

Les querelles politiques entre la Grande-Bretagne et la France dans les années 1880 ont vu la Grande-Bretagne reconnaître la revendication de l'autorité de la France sur l'île, conduisant en 1890 au protectorat malgache.

Les Français ont lancé deux campagnes militaires connues sous le nom de Guerres de Franco-Hova ou Expédition de Madagascar pour forcer la soumission, capturant finalement la capitale en septembre 1895.

Cela a déclenché la rébellion de Menalamba répandue contre la domination française et écrasée en 1897; la monarchie a été tenue responsable et dissoute, et la reine et son entourage exilé sur l'ile voisine de la Réunion et plus tard en Algérie, où elle est morte en 1917.

Les Malgaches étaient tenus de remplir une corvée dans les plantations françaises qui généraient des revenus élevés pour l'administration coloniale.

Les possibilités pour les Malgaches d'accéder à l'éducation ou à des postes qualifiés dans la structure coloniale étaient limitées, bien que certains services de base comme les écoles et les cliniques avaient été étendus aux zones côtières pour la première fois.

La capitale a été en grande partie transformée et modernisée et les palais royaux ont été transformés en écoles et plus tard en musées.

Bien que les Malgaches aient initialement été empêchés de former des partis politiques, plusieurs sociétés secrètes nationalistes ont émergé, dont la plus proéminente était Vy Vato Sakelika, fondé par Ny Avana Ramanantoanina.

Beaucoup de Malgaches ont été enrôlés pour combattre avec la France dans les deux Guerres Mondiales. Pendant la seconde Guerre Mondiale, Madagascar était sous contrôle de Vichy avant d'être capturé par les Britanniques lors de la Bataille de Madagascar.

A la Conférence de Brazzaville de 1944, Charles de Gaulle donna aux colonies le statut de territoire d'outre-mer et le droit d'avoir des représentants à l'Assemblée nationale française ; mais quand un projet de loi proposé par les délégués malgaches du Mouvement démocratique de la rénovation malgache (M.D.R.M.) n'a pas été adopté, les militants nationalistes ont mené une insurrection (1947-1948), au cours de laquelle les militaires français ont commis des atrocités.

Le pays a obtenu son indépendance complète en 1960 à la suite de la décolonisation.

Sous la direction du président Philibert Tsiranana, la première République de Madagascar (1960-1972) a été établie comme un système démocratique inspiré de celui de la France.

Cette période a été caractérisée par une dépendance économique et culturelle continue de la France, provoquant la naissance des rotaka, des mouvements populaires entre paysans et étudiants qui ont finalement formé la République socialiste démocratique de Madagascar sous l'amiral Didier Ratsiraka (1975-1992).

La réduction de la croissance économique et du niveau de vie a ensuite spectaculairement favorisé les agitations sociales.

En 1992, des élections multipartites libres et équitables ont eu lieu, inaugurant la démocratie de la Troisième République (1992-2009).

Sous la nouvelle constitution, le peuple malgache élit les présidents successifs Albert Zafy, Didier Ratsiraka et Marc Ravalomanana.

Ce dernier a été évincé lors de la crise politique malgache de 2009 par un mouvement populaire sous la direction d'Andry Rajoelina, alors maire d'Antananarivo.

Rajoelina a initié le référendum constitutionnel malgache de 2010 et a dirigé Madagascar en tant que président de la transition sans la reconnaissance de la communauté internationale.

Des élections ont eu lieu le 20 décembre 2013 pour élire un nouveau président et rétablir la constitution.

La gouvernance constitutionnelle a été rétablie en janvier 2014, date à laquelle Hery Rajaonarimampianina a été nommé président après les élections de 2013 jugées justes et transparentes par la communauté internationale.

Premiers habitants de Madagascar

La première manifestation sans ambiguïté de la présence humaine à Madagascar a été trouvée à Andavakoera et remonte à 490.

Il y a eu des preuves de la présence humaine plus tôt, mais pas encore largement étudié.

Les trouvailles archéologiques telles que les marques de coupe sur les os trouvés dans le nord-ouest et les outils de pierre dans le nord-est indiquent que Madagascar a été visité autour de 2000 ans avant Jésus-Christ.

Il existe des preuves potentielles de fossiles dans les sites de Taolambiby au sud-ouest.

Des preuves potentielles presque contemporaines proviennent du pollen de cannabis. On soupçonne que le cannabis existe en Afrique depuis 3000 ans.

Un os d'hippopotame d'Ambolisatra a été daté 60 et 130 ans avant J-C.

De plus, un os semblable de la même collection d'un site voisin a donné deux dates largement divergentes de 2020 et 3495 ans avant J-C.

Les nombreuses recherches et travaux multidisciplinaires récents sur l'archéologie, la génétique, la linguistique, et l'histoire confirme que le peuple malgache est originaire des îles de la Sonde.

Ils sont probablement arrivés sur la côte ouest de Madagascar avec des pirogues (waka) au début de notre ère ou jusqu'à 300 ans plus tôt selon les archéologues et peut-être même plus tôt sous certaines hypothèses de généticiens.

Les navires de l'Indonésie ancienne pourraient avoir atteint Madagascar et la côte ouest-africaine à partir du VIIIe siècle et après.

Ces pionniers sont connus dans la tradition orale malgache sous le nom de Ntaolo (premiers hommes).

Il est probable que ces personnes anciennes s'appelaient elles-mêmes «va-waka» (homme de pirogue en malayo-polynésien). Aujourd'hui, le terme va-waka signifie «peuple» en malgache.

L'origine sud-asiatique du premier peuple malgache montre certains traits communs.

La langue malgache, commune à l'île entière, appartient à la famille de langue austronésienne, proche des langues de Bornéo.

Les traditions culturelles malgaches sont partagées avec les Austronésiens de Taïwan, des îles du Pacifique, d'Indonésie, de la Nouvelle-Zélande et des Philippines, y compris les coutumes anciennes, comme enterrer les morts dans un canot en mer, les cultures austronésiennes traditionnelles comme le taro, la banane, la noix de coco et la canne à sucre, l'architecture traditionnelle avec un plan carré, la musique et les instruments de musique tels que l'antsiva, le tambour hazolahy et le xylophone atranatrana.

Cependant, la cause de la venue de ces Austronésiens est encore mal connue.

On peut supposer que l'île de Madagascar a joué un rôle important dans le commerce, en particulier celui des épices et du bois, entre l'Asie du Sud-Est et le Moyen-Orient, directement ou par la côte africaine et Madagascar.

La première population concentrée de colons humains a émergé le long de la côte sud-est de l'île, bien que la première terre ait pu être faite sur la côte nordique.

À leur arrivée, les premiers colons ont pratiqué l'agriculture dans les forêts tropicales vierges.

Les premiers colons ont rencontré la richesse de la mégafaune de Madagascar, y compris les lémuriens géants, les oiseaux-éléphants et l'hippopotame malgache, qui ont depuis disparu à cause de la chasse et de la destruction de l'habitat.

En 600, des groupes de ces premiers colons se sont installés à l'intérieur des terres et ont commencé à exploiter les forêts centrales, où ils ont notamment planté du taro et probablement du riz.

Ces va-waka Ntaolo, chasseurs-cueilleurs et agriculteurs, qui ont décidé de s'installer dans la forêt, en particulier dans les forêts des hauts plateaux centraux sont connus par la tradition comme des Vazimba (hommes de la forêt), aujourd'hui barimba ou rimba en malais.

Rafandrana, un ancêtre de la dynastie royale Merina, par exemple, est connu pour avoir été un Vazimba.

Rafohy et Rangita, les deux reines fondatrices de la royauté Merina, étaient aussi appelés Vazimbas.

Comme la densité croissante de la population nécessitait des rendements plus élevés, des rizières irriguées apparurent sur le territoire traditionnel betsileo en 1600 et ont été complétées par des rizières en terrasses dans les hauts plateaux centraux un siècle plus tard.

Les Zébus ont été introduits autour des années 1000 par les migrants de langue bantou de la région des Grands Lacs, qui ont maintenu de grands troupeaux.

L'intensification croissante de la culture du sol et la demande toujours croissante de pâturages de zébu dans les hauts plateaux centraux avaient transformé en grande partie la région au XVIIe siècle.

Naissance des clans (700-1500)

Vers le milieu du premier millénaire (environ 700) jusqu'à environ 1500, les Vazimbas de l'intérieur et les Vezos de la côte ont accueilli de nouveaux visiteurs. Des commerçants d'esclaves du Moyen-Orient (Arabes, juifs arabisés, accompagnés de Bantus du sud-est de l'Afrique) et d'Asie (Indiens, Malais).

Les clans Vazimbas internes

L'histoire écrite de Madagascar commence au VIIe siècle quand les commerçants d'esclaves ont établi des postes de traite le long de la côte nord-ouest et introduit l'Islam, l'écriture arabe et d'autres éléments culturels.

Durant cette première période, Madagascar a été un important port transocéanique pour la côte de l'Afrique de l'Est.

Les bantous avaient commencé à naviguer sur les rives occidentales de Madagascar dès le VIe et VIIe siècle.

Selon les traditions malgaches, les premiers Bantous et Arabes à s'installer à Madagascar sont venus en tant que réfugiés des guerres civiles qui ont suivi la mort du prophète Mohammed en 632.

A partir du Xe ou du XIe siècle, les commerçants d'esclaves arabes et de Zanzibar ont parcouru la côte et établi des colonies. Notamment, les Zafiraminia, ancêtres traditionnels des Antaimoro, Antanosy et d'autres ethnies de la côte est.

La dernière vague d'immigrants arabes, les Antalaotra, a immigré dans les colonies bantoues.

Ils s'installèrent au nord-ouest de l'île (la région de Mahajanga) et introduisirent pour la première fois l'islam à Madagascar.

Les immigrants arabes, quoique peu nombreux comparés aux Austronésiens et aux Bantous, ont néanmoins laissé une impression durable.

Les noms malgaches des saisons, des mois, des jours et des pièces de monnaie dans certaines régions proviennent des origines arabes, ainsi que les caractéristiques culturelles telles que la circoncision et différentes formes de salutation.

Néo-Austronésiens

Selon la tradition, de nouveaux clans austronésiens (Malais, Javanais, Bugis et orang laut), ont atterri sur la côte nord-ouest et est de l'île.

Les observations des linguistes sur les emprunts du Vieux Malais, du Vieux Javanais et du Vieux Bugis dans les langues initiales indiquent que les premières vagues de Hova sont vraisemblablement venues au VIIIe siècle.

Les Hova provenaient probablement des thalassocraties indonésiennes. Leurs chefs étaient connus sous le nom de Diana dans le Sud-Est et d'Andriana ou Raondriana dans le Centre et l'Ouest. Ils sont pour la plupart alliés avec les clans Vazimbas.

Dans la zone nord-ouest de l'actuel Ankoala les Hova avaient probablement établi une base pour leurs opérations sur l'océan Indien.

Dans le sud-est, les leaders Diana des clans Zafiraminia et Zafikazimambo se sont alliés avec le néo-Vezo pour fonder les derniers royaumes Antaisaka, Antaimoro et Antambahoaka.

À l'ouest, la dynastie Maroserana a fondé le royaume de Sakalava.

Dans le centre, où les chefs des clans Vazimba (tels que Rafandrana et ses descendants) ont mené des alliances répétées entre les dirigeants de Hova (les Andriana), Merina et Betsileo.

Avec l'arrivée de l'Islam, les commerçants perses et arabes supplantèrent bientôt les Indonésiens sur la côte africaine et finirent par étendre leur contrôle sur les Comores et sur certaines parties de la côte de Madagascar.

Pendant ce temps, avec la concurrence des nouvelles puissances navales (Chine et l'Inde), les thalassocraties indonésiennes avaient beaucoup chuté.

Les Bantous (IXe siècle)

Il existe des preuves archéologiques sur le fait que les peuples bantous ont commencé à migrer vers l'île dès les VIe et VIIe siècles.

D'autres documents historiques et archéologiques suggèrent que certains des Bantus étaient des descendants de marins et de marchands bantou.

Certaines sources pensent qu'au Moyen Âge, les esclavagistes arabes et néo-austronésiens ont amené les Bantous à Madagascar transportés par des marchands swahili pour remplir la demande étrangère d'esclaves.

Des années d'intermariages ont créé le peuple malgache, qui parle principalement le malgache, une langue austronésienne avec des influences Bantou.

Il y a donc beaucoup d'emprunts bantou dans la langue malgache initiale.

Les contacts Européens (1500)

Le contact européen a commencé en 1500, lorsque le capitaine portugais Diogo Dias a aperçu l'île après que son navire ait été séparé d'une flotte en direction de l'Inde.

Les Portugais ont continué à commercer avec les insulaires et ont nommé l'île São Lourenço (Saint-Laurent).

En 1666, François Caron, directeur général de la Compagnie des Indes orientales, nouvellement créée, a navigué à Madagascar.

La compagnie a échoué à établir une colonie sur Madagascar mais a établi des ports sur les îles voisines de Bourbon (maintenant Réunion) et l'Île de France (maintenant Maurice).

À la fin du XVIIe siècle, les Français établissent des postes de traite le long de la côte est.

Sur l'île Sainte-Marie, une petite île au large de la côte nord-est de Madagascar, le capitaine Misson et son équipage pirate ont fondé Libertatia à la fin du XVIIe siècle.

De 1774 à 1824, Madagascar était un repaire favori pour les pirates.

Établissements Européens

Au XVe siècle, les Européens avaient arraché le contrôle du commerce des épices aux musulmans.

Ils ont fait cela en contournant le Moyen-Orient et en envoyant leurs cargaisons autour du cap de Bonne-Espérance.

Le navigateur portugais Diogo Dias est devenu le premier Européen à mettre le pied sur Madagascar en 1500.

Au cours des deux cents années suivantes, les Anglais et les Français ont continué l'exploitation.

La fièvre, la dysenterie et le climat aride du sud de Madagascar ont rapidement mis fin à la colonie anglaise près de Toliara en 1646.

Une autre colonie anglaise dans le nord de l'île Sainte-Marie a pris fin en 1649.

La colonie française de Tôlanaro Dauphin a été un peu mieux: elle a duré trente ans.

En 1672, les Antanosy ont massacré plusieurs français et assiégé Tôlanaro pendant dix-huit mois. Un navire de la Compagnie des Indes Orientales a secouru trente hommes survivants et une veuve en 1674.

En 1665, François Caron, directeur général de la Compagnie française des Indes orientales nouvellement formée, établi des postes de commerce le long de la côte est.

Pirates et esclavagistes

Entre 1680 et 1725, Madagascar est devenu un bastion des pirates.

Plusieurs marins se sont installés avec les indigènes, ou plus souvent, dans les colonies françaises ou anglaises de l'île.

Des pionniers comme William Kidd, Henry Every, John Bowen et Thomas Tew ont construit la baie d'Antongil et l'île Sainte-Marie (une petite île au large de la côte nord-est de Madagascar).

Les pirates ont pillé des navires marchands dans l'océan Indien, la mer Rouge et le golfe Persique.

Ils privaient les navires de leurs soieries, étoffes, épices et bijoux.

Les vaisseaux capturés en direction opposée (vers l'Inde) ont perdu leur monnaie, leur or et leur argent.

Les pirates ont volé les navires de charge indiens qui ont échangé entre les ports de l'océan Indien ainsi que des navires commandés par les Compagnies des Indes orientales de France, d'Angleterre et des Pays-Bas.

La flotte de pèlerins naviguant entre Surat en Inde et Mocha sur la pointe de la péninsule arabique a fourni une cible préférée, parce que les pèlerins musulmans riches portaient souvent des bijoux et autres parures avec eux.

Les pirates recrutaient souvent les membres d'équipage des navires qu'ils pillaient.

Avant l'arrivée des Européens, certaines tribus malgaches faisaient parfois des guerres pour capturer et asservir les prisonniers.

Ils vendaient les esclaves à des commerçants arabes ou les maintenaient comme ouvriers.

Après l'arrivée des esclavagistes européens, les esclaves humains devinrent plus précieux et les tribus côtières de Madagascar se mirent en guerre pour obtenir des prisonniers pour la traite d'esclaves.

Au lieu de lances et de couteaux, les membres de la tribu combattaient avec des fusils, des balles de fusil et de la poudre à canon qu'ils tiraient des Européens, menant à des guerres farouches et brutales.

En raison de leur relation avec les pirates, les Betsimisaraka à l'est de Madagascar avaient plus d'armes à feu que quiconque. Ils ont dominé leurs voisins Antakarana et Tsimihety, et ont même attaqué les Comores.

La tribu des Sakalava sur la côte ouest qui pratiquait également la traite négrière, avait également accès aux armes à feu et la poudre.

Aujourd'hui, le peuple de Madagascar peut être considéré comme le produit du mélange entre les premiers occupants, le va-waka ntaolo

Austronesiens (Vazimba et Vezo) et ceux arrivés plus tard (Hova néo-Austronesiens, Arabes, Africains et Européens).

Génotypiquement, le patrimoine austronésien original est plus ou moins uniformément réparti dans toute l'île.

Époque féodale (1500-1895)

La montée des grands royaumes

Ces nouveaux immigrants du Moyen Âge représentaient une minorité en nombre, mais leurs contributions culturelles, politiques et technologiques au monde néo-Vazimba et néo-Vezo ont considérablement changé leur société.

C'est la cause des bouleversements majeurs du XVIe siècle qui a conduit à l'Époque féodale malgache.

Sur les côtes, l'intégration des Asiatiques de l'Est, des Moyens-Orientaux, des Bantous et des Portugais a conduit à l'établissement des royaumes de l'Antakarana, Boina, Menabe et

Vezo sur la côte ouest, le Mahafaly et Antandroy au sud et le Antesaka, Antambahoaka, Antemoro, Antanala et Betsimisaraka sur la côte est.

À l'intérieur, la lutte pour l'hégémonie entre les différents clans néo-Vazimba des hauts plateaux du centre, appelée Hova par les clans néo-vezo côtiers, a conduit à la création des royaumes Merina, Betsileo, Bezanozano, Sihanaka, Tsimihety et Bara.

La naissance de ces royaumes avait essentiellement modifié la structure politique de l'ancien monde du wa-waka Ntaolo, mais le langage commun, les coutumes, les traditions, la religion et l'économie avaient été préservées.

Parmi les Royaumes Centraux, les plus importants étaient les royaumes Betsileo (Fandriana, Fisakana, Manandriana, Isandra) au sud, et les royaumes Merina au nord.

Ceux-ci furent définitivement unifiées au début du XIXe siècle par Andrianampoinimerina. Son fils et successeur Radama I (régnant entre 1810-1828) a ouvert son pays à l'influence européenne exercée principalement par les Britanniques.

Avec leur soutien, il a étendu son autorité sur une grande partie de l'île.

À partir de 1817, les royaumes centraux Merina, Betsileo, Bezanozano, et Sihanaka, unifiés par Radama I, ont été reconnus par le monde extérieur comme le seul unique Royaume de Madagascar.

Sakalava

Les chefs de clan Ouest de l'île ont commencé à étendre leur pouvoir par le commerce avec leurs voisins de l'Océan Indien, d'abord avec des commerçants arabes, persans et somaliens qui ont relié Madagascar à l'Afrique de l'Est, au Moyen-Orient et à l'Inde et plus tard aux commerçants d'esclaves européens.

La richesse créée à Madagascar à travers le commerce a créé un système d'État dirigé par de puissants monarques régionaux connus sous le nom de Maroserana.

Ces monarques ont adopté les nouvelles traditions culturelles de leurs territoires et élargi leurs royaumes.

Ils ont pris le statut divin, et la nouvelle noblesse et les classes artisanales ont été créées.

Madagascar a fonctionné comme port de contact pour les autres telles que Sofala, Kilwa, Mombasa et Zanzibar.

Au Moyen Âge, les grandes chefferies commencèrent à dominer des régions considérables de l'île.

Parmi ceux-ci se trouvaient l'alliance Betsimisaraka de la côte orientale et les chefferies Sakalava du Menabe (centrée dans ce qui est aujourd'hui la ville de Morondava) et de Boina (centrée dans ce qui est maintenant la capitale provinciale de Mahajanga).

L'influence Sakalava s'étendait à travers ce qui sont maintenant les provinces d'Antsiranana, Mahajanga et Toliara.

Les chefs de l'île ont commencé à étendre leur pouvoir grâce au commerce avec leurs voisins de l'océan Indien, notamment l'Afrique de l'Est, le Moyen-Orient et l'Inde.

Selon la tradition locale, les fondateurs du royaume de Sakalava étaient les princes

Maroseraña ou Maroseranana (ceux qui possédaient de nombreux ports) de la Fiherenana (aujourd'hui Toliara).

Ils soumirent rapidement les princes voisins, en commençant par ceux du sud, dans la région de Mahafaly.

Le véritable fondateur de la domination Sakalava était Andriamisara; Son fils Andriandahifotsy (1610-1658) étendit alors son autorité vers le nord, au-delà de la rivière Mangoky.

Ses deux fils, Andriamanetiarivo et Andriamandisoarivo, ont prolongé l'influence plus loin vers le Tsongay (maintenant Mahajanga).

À ce moment-là, l'unité de l'empire commence à se diviser, résultant en un royaume du sud (Menabe) et du nord (Boina). En dépit de l'extension continue de la portée des princes Boina dans l'extrême nord, dans le pays d'Antankarana.

Royaume d'Imerina ou Royaume de Madagascar

Le Royaume de Merina (1540-1897) était un état pré-colonial au large des côtes de l'Afrique du Sud-Est qui, au IXXe siècle, a dominé la plupart de ce qui est maintenant Madagascar.

Elle s'étendait vers l'extérieur d'Imerina, la région des Hauts Plateaux Central principalement habités par le groupe ethnique Merina avec un capital spirituel à Ambohimanga et une capitale politique à 24 kilomètres à l'ouest, Antananarivo, actuellement le siège du gouvernement pour l'état démocratique moderne de Madagascar.

Les rois Merina et les reines qui régnaient sur le grand Madagascar au IXXe siècle étaient les descendants d'une longue lignée de redevances Merina héréditaires provenant d'Andriamanelo, qui est traditionnellement crédité de la fondation d'Imerina en 1540.

Conflit Hova-Vazimba

Les hauts plateaux centraux de Madagascar ont d'abord été habités entre 200 et 300 par les premiers colons de l'île, les Vazimba, qui semblent être arrivés par pirogue du sud-est de Bornéo pour établir des villages simples dans les forêts denses de l'île.

Au XVe siècle, les Hova de la côte sud-est avaient progressivement migré vers les hauts plateaux centraux où ils ont établi des villages au sommet, entre les villages Vazimba existants, qui étaient dirigés par des rois et des reines locales.

Les deux peuples ont coexisté pacifiquement pendant plusieurs générations et sont connus pour s'être mariés.

De cette manière, une reine Vazimba (alternativement donnée dans les histoires orales comme Rafohy ou Rangita) a épousé un homme de Hova appelé Manelobe.

Leur fils aîné, Andriamanelo (1540-1575), a brisé cette tradition en lançant une guerre en grande partie réussie pour subjuguer les communautés de

Vazimba environnantes et les forcer à se soumettre à la domination de Hova par assimilation ou fuir.

Andriamanelo a été remplacé par son fils Ralambo (1575-1612), dont les nombreuses réalisations politiques et culturelles durables et significatives lui ont valu un statut héroïque et presque mythique parmi les plus grands souverains anciens de l'histoire de Merina.

Ralambo a été le premier à attribuer le nom d'Imerina ("Terre du peuple Merina") aux territoires des hauts plateaux centraux où il a régné.

Ralambo a développé et défendu le Royaume d'Imerina par une combinaison de diplomatie et action militaire réussie aidée par l'acquisition des premières armes à feu à Imerina par le commerce avec des royaumes sur la côte.

Imposant pour la première fois une taxe de capitation (le vadin-aina, ou «prix de la vie sûre»), il a pu établir la première armée royale Merina et a établi des unités de forgerons et d'orfèvres pour les équiper .

Il a repoussé une tentative d'invasion par une armée des puissants Betsimisaraka de la côte occidentale.

Selon l'histoire orale, les bœufs zébus sauvages qui parcouraient les hautes terres ont d'abord été domestiqués pour la nourriture à Imerina sous le règne de Ralambo, qui a introduit la pratique et la conception de la construction de plumes de bétail, ainsi que la cérémonie traditionnelle du fandroana.

Après avoir succédé à son père, Andrianjaka (1612-1630) a mené une campagne militaire réussie pour capturer le bastion principal final de Vazimba dans les montagnes sur la colline d'Analamanga.

C'est là qu'il a établi le composé fortifié (rova) qui formerait le coeur de sa nouvelle capitale Antananarivo.

Il construit les premières structures de cette enceinte fortifiée (connue sous le nom de Rova d'Antananarivo): plusieurs maisons royales traditionnelles ont été construites avec une série de tombes royales.

Ces bâtiments ont pris une signification politique et spirituelle durable, en assurant leur préservation jusqu'à être détruits par le feu en 1995.

Andrianjaka a obtenu une importante cache d'armes à feu et de poudre, des matériaux qui ont aidé à établir et à préserver sa domination et étendre son règne sur Imerina.

Expansion de la souveraineté

La vie politique sur l'île à partir du XVIe siècle a été caractérisée par un conflit sporadique entre les royaumes Merina et Sakalava.

Division et guerre civile

Le roi Andriamasinavalona a divisé le royaume pour être gouverné par ses quatre fils favoris, produisant la fragmentation persistante et la guerre entre les principautés dans Imerina.

Il a étendu les frontières du royaume à leur plus grande étendue historique avant la fragmentation du royaume.

Réunification

C'est à partir de ce contexte en 1787 que le prince Ramboasalama, neveu du roi Andrianjafy d'Ambohimanga (l'un des quatre royaumes d'Imerina) expulsa son oncle et prit le trône sous le nom d'Andrianampoinimerina.

Le nouveau roi a utilisé à la fois la diplomatie et la force pour réunir Imerina avec l'intention d'amener tous les Madagascar sous son règne.

Royaume de Madagascar

Cet objectif a été complété en grande partie par son fils, Radama I, qui fut le premier à admettre et à engager régulièrement des missionnaires et des diplomates européens à Antananarivo.

Le règne de 33 ans de la reine Ranavalona I, veuve de Radama I, se caractérisait par une lutte pour préserver l'isolement culturel de Madagascar de la modernité, notamment représentée par les Français et les Britanniques.

Son fils et son héritier, le roi Radama II, ont signé la très impopulaire Charte de Lambert donnant à l'entrepreneur français Joseph-François Lambert des droits exclusifs sur bon nombre des ressources de l'île.

Le premier ministre Rainivoninahitriniony avait fait étranglé le roi lors d'un coup d'état populaire.

Cette révolution aristocratique a vu Rasoherina, la reine douairière, placée sur le trône avec l'acceptation de favoriser une monarchie constitutionnelle qui a donné un plus grand pouvoir au premier ministre.

Elle a remplacé le premier ministre titulaire par son frère, Rainilaiarivony, qui a conservé le rôle pendant trois décennies et épousé chaque reine successivement.

La prochaine souveraine, Ranavalona II, a converti la nation au christianisme en brûlant dans une exposition publique tous les sampy (talismans royal ancestral).

La dernière souveraine Merina, la reine Ranavalona III, a accédé au trône à l'âge de 22 ans mais a été exilé sur l'île de la Réunion et plus tard en Algérie française après la colonisation en 1896.

La colonisation française

En colère contre l'annulation de la Charte de Lambert, la France envahit Madagascar en 1883 dans ce que l'on appela la Première Guerre Franco-Hova (Hova se référant à l'andriana).

À la fin de la guerre, Madagascar a cédé à la France qui a payé 560.000 francs d'or aux héritiers de Joseph-François Lambert.

Pendant ce temps, en Europe, les diplomates qui partagent le continent africain concluent un accord par lequel la Grande-Bretagne, pour obtenir le sultanat de Zanzibar, cède ses droits sur Heligoland à l'Empire allemand et renonce à toute revendication à Madagascar en faveur de la France.

Le premier ministre Rainilaiarivory avait réussi à jouer entre Grande-Bretagne et la France.

En 1895, une colonne militaire française a atterri dans la capitale Antananarivo, prenant les défenseurs de la ville par surprise puisqu'ils s'attendaient à une attaque sur la côte qui est beaucoup plus proche.

Vingt soldats français sont morts au combat alors que 6 000 sont morts du paludisme et d'autres maladies avant la fin de la Deuxième guerre franco-hova.

En 1896, le Royaume de Mérina est placé sous la protection de la France en tant que protectorat malgache et, en 1897, le Parlement français vote pour annexer l'île en tant que colonie, mettant ainsi fin à la souveraineté de Mérina.

Géographie

Andriamanelo a établi le premier rova fortifié (composé royal) à sa capitale Alasora.

Ce palais fortifié avait des caractéristiques particulières: hadivory (fossés secs), hadifetsy (tranchées défensives) et vavahady (portes de la ville protégées par un grand disque de pierre servant de barrière) rendaient la ville plus résistante aux attaques de Vazimba.

Les politiques et les tactiques d'Andrianjaka mettaient en lumière et augmentaient la séparation entre le roi et ses sujets.

Il a transformé les divisions sociales en divisions spatiales en attribuant à chaque clan une région géographique spécifique.

Andrianjaka a unifié les principautés sur ce qu'il a désigné plus tard comme les douze collines sacrées d'Imerina à Ambohitratrimo, Ambohimanga, Ilafy, Alasora, Antsahadita, Ambohimanambony, Analamanga, Ambohitrabiby, Namehana, Ambohidrapeto, Ambohijafy et Ambohimandranjaka.

Ces collines sont devenues et restent le cœur spirituel d'Imerina, qui a été agrandi plus d'un siècle plus tard quand Andrianampoinimerina a redessiné les douze collines sacrées pour inclure plusieurs emplacements différents.

Sous Andriamasinavalona, le royaume d'Imerina était composé de six provinces (toko): Avaradrano, constituant Antananarivo et les terres du nord-est de la capitale, y compris Ambohimanga; Vakinisisaony, y compris les terres du sud d'Avaradrano et sa capitale

Alasora; Vonizongo au nord-ouest d'Antananarivo avec sa capitale Fihaonana; Marovatana au sud de Vonizongo, avec sa capitale Ambohidratrimo; Ambodirano, au sud de Marovatana avec sa capitale Fenoarivo; Et Vakinankaratra au sud d'Antananarivo avec sa capitale Betafo.

Andrianampoinimerina a réuni ces provinces et a ajouté Imamo à l'ouest et Valalafotsy au nord-ouest. Ensemble, ces zones constituent le territoire de base appelé à juste titre Imerina, la patrie du peuple Merina.

Organisation sociale

Système de castes

Andriamanelo aurait été le premier à établir officiellement l'andriana comme caste des nobles de Merina, jetant ainsi les bases d'une société stratifiée et structurée.

À partir de ce moment, le terme Hova a été utilisé pour désigner uniquement les non-nobles libres de la société, qui deviendront plus tard Merina par le fils de Ralambo d'Andriamanelo.

Les premières sous-divisions de la caste noble de l'andriana ont été créées lorsque Ralambo l'a divisée en quatre rangs.

Andrianjaka a été le premier roi à être enterré sur les terres de la Rova d'Antananarivo, sa tombe formant la première des Fitomiandalana (sept tombes placées dans une rangée sur les terrains de Rova).

Pour commémorer sa grandeur, ses peuples ont érigé une petite maison en bois appelée une petite maison sacrée sur son tombeau.

Les futurs souverains et nobles de Mérina ont continué à construire des maisons de tombe semblables sur leurs tombes dans le IXXe siècle.

Religion

Andriamanelo est crédité pour avoir introduire l'astrologie (sikidy) dans Imerina.

Le rite de la circoncision a continué à être pratiqué par la monarchie Merina à la fin du IXXe siècle.

De nombreux éléments de ces rituels continuent les traditions de circoncision des familles Merina du XXIe siècle.

Les origines de ces pratiques peuvent remonter à la partie sud-est de l'île que les Hova avaient laissé après avoir migré dans les hautes terres centrales.

L'astrologie, par exemple, avait été introduite tôt dans l'île par des contacts commerciaux entre les communautés côtières malgaches et les arabes.

Les amulettes et les idoles appelées ody avaient longtemps occupé une place importante parmi de nombreux groupes ethniques de Madagascar.

Ralambo a transformé la nature de la relation entre le sampy et le souverain: alors que précédemment le sampy avait été considéré comme des outils à la disposition des dirigeants communautaires, sous Ralambo ils sont devenus protecteurs divins de la souveraineté du roi et l'intégrité de l'Etat, qui serait préservé par leur pouvoir.

En recueillant les douze plus grands sampy sacrés dans la cosmologie de Merina et transformant leur nature, Ralambo a renforcé le pouvoir surnaturel et la légitimité d'Imerina.

L'histoire orale raconte de nombreux succès subséquents et les miracles variant ont été attribués aux sampy, y compris plusieurs victoires principales contre les Sakalava.

La propagation des sampy au service de citoyens moins puissants avait par conséquent augmenté dans Imerina sous le règne de Ralambo: presque chaque chef de village, ainsi que beaucoup de familles communes revendiquaient les pouvoirs et la protection que leur sampy communautaire offrait.

Ces petits sampy ont été détruits ou réduits au statut d'ody à la fin du règne du fils de Ralambo, Andrianjaka, en ne laissant officiellement que douze sampy vraiment puissant (sampin'andriana ou Sampy royal). Ces sampy royaux, y compris Kelimalaza, ont continué à être adorés jusqu'à leur destruction supposée par la Reine Ranavalona II sur sa conversion publique au christianisme en 1869.

Aussi commençant sous Ralambo, la sanctification rituelle du royaume a eu lieu au cours du festival annuel fandroana au début de chaque année.

Bien que la forme exacte de la fête originale ne puisse être connue avec certitude et que ses traditions aient évolué au fil du temps, les comptes rendus des XVIIIe et IXXe siècles donnent un aperçu du festival tel qu'il était pratiqué à cette époque.

Les comptes de ces siècles indiquent que tous les membres de la famille étaient tenus de se réunir dans leurs villages d'origine pendant la période du festival.

Les membres de la famille éloignés devaient tenter de se réconcilier. Les maisons ont été nettoyées et réparées et de nouveaux articles ménagers et des nouveaux vêtements achetés.

Le symbolisme du renouveau s'inscrivait en particulier dans la permissivité sexuelle traditionnelle encouragée à la veille du fandroana (caractérisé par des «missionnaires» britanniques du début du XIXe siècle) et le retour du lendemain matin dans l'ordre social.

Ce matin, le premier jour de l'année, un coq rouge était traditionnellement sacrifié et son sang utilisé pour oindre le souverain et les autres présents à la cérémonie.

Ensuite, le souverain se baignerait dans de l'eau sanctifiée, puis l'arroserait sur les participants pour les purifier et les bénir et assurer un début propice à l'année.

Les enfants célébreraient le fandroana en portant des torches et des lanternes allumées dans leurs villages nocturnes. La viande de zébu mangée au cours du festival a été principalement grillé ou consommé comme jaka, une préparation réservée uniquement pour ce jour férié.

Cette délicatesse a été faite pendant le festival en scellant la viande de zébu déchiquetée avec du suif dans un bocal décoratif en argile.

Le confit serait ensuite conservé dans une fosse souterraine pendant douze mois pour être servi au fandroana de l'année suivante.

Les sacrifices

La tradition de mariage du vodion, toujours pratiquée jusqu'à ce jour, est dite originaires d'Andriamanelo.

D'après l'histoire orale, après que le souverain avait contracté avec succès un mariage avec Ramaitsoanala, fille unique de Vazimba le roi Rabiby, Andriamanelo lui a envoyé une variété de cadeaux comprenant la viande et une quarantaine d'un mouton qu'il a cru être la portion la plus savoureuse.

La valeur accordée à cette coupe de viande fut réaffirmée par Ralambo qui déclara que c'est devenu une tradition pour le marié d'offrir la viande à la famille de la mariée.

Au fil du temps, les offrandes habituelles de viande ont été de plus en plus remplacées par d'autres symboles, des sommes d'argent et d'autres dons.

Le fils d'Andriamanelo, Ralambo, est crédité d'avoir introduit la tradition de la polygamie dans Imerina.

Il a également introduit les traditions de la circoncision et des mariages familiaux (comme entre parent et beau-fils, ou entre frères et sœurs) parmi les nobles de Merina, ces pratiques ayant déjà existé parmi les autres groupes ethniques malgaches.

Selon l'histoire orale, l'institution de longues périodes de deuil formel pour les souverains décédés à Imerina peut aussi avoir commencé avec la mort d'Andrianjaka. Il a été remplacé par son fils, Andriantsitakatrandriana.

Organisation politique

La ligne de succession dans Imerina a employé un système appelé fanjakana arindra ("gouvernement organisé"), qui a été établi par les nobles de Vazimba qui ont poussé Andriamanelo, fondateur d'Imerina.

Tandis que les Vazimba avaient toujours eu tendance à favoriser le règne des reines, le Hova favorisait les héritiers masculins, et le mariage entre les parents Vazimba et Hova d'Andriamanelo avait produit deux fils et une fille.

Pour éviter les conflits, la reine a décidé que Andriamanelo hériterait la couronne à la mort de sa mère et ne serait pas réussi non par son propre enfant, mais par son frère cadet.

Ce système de succession a été ordonné par les reines tous les temps et s'appliquait aussi aux familles: dans tous les cas où il y avait un enfant aîné et un plus jeune, les parents désignaient un enfant aîné pour assumer l'autorité au sein de la famille à leur décès.

Ralambo fut le premier souverain Merina à pratiquer la polygamie, et sa seconde femme fut la première à lui donner un fils.

Alors que son fils cadet de sa première épouse devait gouverner, Ralambo cherchait à assouvir le fils aîné en déclarant que la couronne ne pouvait plus désormais être passée à un enfant né du souverain régnant et à une princesse de la famille de l'aîné Andriantompokoindrindra.

On croit que la pratique de sanctifier les souverains a pris naissance avec Ralambo.

Imerina a d'abord été gouvernée sous Andriamanelo dans le village natal de sa mère, Alasora.

La capitale a été déplacée par son fils Ralambo à Ambohidrabiby, emplacement de l'ancienne capitale de son grand-père maternel le roi Rabiby.

Andrianjaka a déplacé sa capitale d'Ambohidrabiby à Ambohimanga en montant au trône vers 1610 ou 1612.

Les maisons Besakana, Masoandrotsiroa et Fitomiandalana à la Rova d'Antananarivo ont été préservées et entretenues au cours des siècles par les générations successives de souverains Merina.

En tant que résidence d'Andrianjaka, le Besakana a été particulièrement important: le bâtiment original a été détruit et reconstruit dans la même conception par Andriamasinavalona vers 1680, et encore par Andrianampoinimerina en 1800.

Les souverains ont été intronisés dans ce bâtiment et leurs restes mortels exposés avant l'enterrement, rendant Besakana la salle d'état officielle pour les affaires civiles.

Défense

Les premiers combattants de Merina sous le premier roi d'Imerina étaient équipés de lances à pointe de fer, une innovation créditée à Andriamanelo lui-même, qui a pu être le premier parmi les Hova à utiliser le fer de cette manière.

Système de justice

Andrianjaka a imposé un changement à la forme traditionnelle de la justice, le procès par l'épreuve: plutôt que d'administrer du poison tangena au coq d'un accusé pour déterminer leur innocence par la survie de la créature, le poison serait plutôt consommé par l'accusé lui-même.

Économie et commerce

Andriamanelo a été le premier dans les hautes terres à transformer des marais de plaine en rizières irriguées par la construction de digues dans les vallées autour d'Alasora.

Sous Andrianjaka, les plaines entourant Antananarivo se sont progressivement transformées en vastes rizières excédentaires.

Cet exploit a été accompli en mobilisant un grand nombre de ses sujets sains pour construire des digues qui ont permis la réorientation de l'eau de pluie pour l'inondation contrôlée des zones plantées.

Andrianjaka aurait été le premier chef Merina à recevoir des Européens vers 1620 et a échangé des esclaves en échange de fusils et d'autres armes à feu pour aider à la pacification des principautés rivales, en obtenant 50 canons et trois barils de poudre pour équiper son armée.

Technologie

Andriamanelo est traditionnellement crédité de la découverte de la technique de l'orfèvrerie, la forge de fer et la construction et l'utilisation de pirogues.

Bien que ces technologies n'aient pas été découvertes pendant son règne, Andriamanelo a pu être parmi les premiers souverains d'Imerina à en faire usage à grande échelle.

Expédition de Madagascar ou Guerres Franco-Hova ou Guerres Franco-Malgaches

Les guerres Franco-Hova ou guerres franco-malgaches ont comporté deux interventions militaires françaises à Madagascar entre 1883 et 1896 qui ont renversé la monarchie régnant du Royaume de Merina et permis à Madagascar de devenir une colonie française.

Hova se réfère à une classe dans la structure sociale Merina.

Contexte

Les puissances coloniales européennes, principalement la Grande-Bretagne et la France, avaient l'ambition de contrôler Madagascar, une île riche avec une situation géographique stratégique en ce qui concerne le passage de la mer vers l'Inde.

Le Royaume Mérina de Madagascar a réussi à repousser les multiples tentatives des deux puissances européennes de prendre le contrôle du territoire tout au long du XIXe siècle.

La défense de l'île a été aidée par la taille et la diversité du terrain, les structures militaires et gouvernementales organisées par la nation et la prévalence des maladies tropicales.

La première influence européenne importante à Imerina fut l'arrivée d'une poignée de missionnaires britanniques dans la capitale d'Antananarivo en 1820 sous le règne de Radama I, qui les invita à établir des écoles et à enseigner la population libre Merina à lire.

Plusieurs années après le règne de la reine Ranavalona I, qui commença en 1828, la monarchie désapprouvait de plus en plus la popularité croissante du christianisme que les missionnaires avaient introduit.

Pendant plusieurs périodes, les restrictions de Ranavalona sur la pratique du christianisme ont minimisé la présence européenne sur l'île.

À la mort de Ranavalona, son fils Radama II lui succéda comme Roi en 1861.

En tant que prince, il avait déjà fait des concessions à Joseph-François Lambert, un Français qui avait résidé à la cour de Ranavalona et a aidé au développement de nombreuses ressources.

La Charte de Lambert avait approuvé l'octroi de terres importantes à Lambert.

En outre, le gouvernement français a reçu une lettre prétendument écrite par le prince, demandant l'aide militaire française pour déposer sa mère.

Les origines et l'authenticité de la lettre sont contestées, et les Britanniques prétendent qu'il a été conçu par Laborde (d'autant plus qu'il a été écrit en français, langue que Radama ne savait pas écrire) pour soutenir l'action militaire française sur l'île.

Après un bref règne, Radama a été étranglé lors du coup d'état de 1863 appelé la révolution aristocratique.

La veuve Ramaherina a été placée sur le trône par le premier ministre Rainivoninahitriniony et son cabinet à condition que le pouvoir absolu du monarque soit terminé et que la majorité du pouvoir sur la gouvernance quotidienne et les affaires étrangères repose sur le Premier ministre.

Le despotisme du Premier ministre l'a amené à être remplacé par son frère cadet, Rainilaiarivony, qui a gouverné Madagascar pendant 30 ans jusqu'à la prise d'Antananarivo par l'armée française.

Rainilaiarivony et les reines successives Ranavalona II et Ranavalona III ont cherché à maintenir la souveraineté de Madagascar.

La monarchie Merina révoqua les termes de la Charte Lambert, expliquant que l'accord était nul parce que le territoire malgache appartenait au peuple et que le prince n'avait pas le droit de le vendre.

Les héritiers de Laborde, en refusant le droit à la terre promise et aux biens appartenant à leur père, firent pression sur le gouvernement de la France.

La monarchie Merina a énergiquement tenté de résoudre le problème par la négociation et la diplomatie, s'appuyant fortement sur le soutien de leurs partenaires commerciaux britanniques et américains.

Ils envoyèrent des ambassadeurs en Angleterre et en France pour résoudre les revendications, mais le gouvernement français refusa d'accepter quelque chose de moins que les termes complets du traité.

Cela a fourni le prétexte nécessaire à une invasion militaire française de l'île, qui a eu lieu en deux vagues entre 1883 et 1895.

Première Guerre Franco-Hova ou première expédition de Madagascar

La première expédition de Madagascar a été le début de la guerre de Franco-Hova et a consisté en une expédition militaire française contre le Royaume Merina sur l'île de Madagascar en 1883.

Elle a été suivie par la deuxième expédition de Madagascar en 1895.

Influence britannique

Suite à leur capture de l'île Maurice des Français en 1810 pendant les guerres napoléoniennes, avec la propriété confirmée par le traité de 1814 de Paris, les Britanniques ont vu Madagascar comme une extension naturelle de leur influence dans l'Océan Indien.

Le Roi Merina, Radama I, a réussi à unir Madagascar sous une seule loi, bénéficiant d'armes britanniques et d'instructeurs militaires.

Il a signé des traités avec les Britanniques, permettant aux missionnaires protestants de visiter le pays et interdisant la traite des esclaves.

Lorsque la reine Ranavalona I prit le pouvoir en 1828, les relations avec les puissances étrangères se sont progressivement aggravées.

Vers le milieu des années 1830, presque tous les étrangers avaient choisi de partir ou ont été expulsés, et l'influence britannique a été en grande partie supprimée.

Une exception, le Français Jean Laborde, a pu rester dans l'île pour construire des fonderies et une industrie d'armement.

Pendant ce temps, le fils de la reine, le Prince Rakoto (futur roi Radama II) avait été sous l'influence de ressortissants français à Antananarivo.

En 1854, une lettre destinée à Napoléon III qu'il a dictée et signée a été utilisée par le gouvernement français comme base pour une future invasion de Madagascar.

Il a en outre signé la Charte Lambert le 28 juin 1855, document qui a accordé au Français Joseph-François Lambert de nombreux privilèges économiques lucratifs sur l'île, y compris le droit exclusif à toutes les activités minières et forestières et l'exploitation des terres inoccupées en échange d'un droit de 10% à la monarchie Merina.

Un coup pour renverser la reine et la remplacer par son fils était également prévu, dans lequel Laborde et Lambert étaient impliqués.

À la mort de la reine, son fils prit le pouvoir en tant que Radama II en 1861, mais il ne régna que deux ans avant de mourir lors d'une tentative d'assassinat.

Cet assassinat a été traité comme réussi à l'époque, bien que des preuves ultérieures suggèrent que Radama a survécu à l'attaque et a vécu jusqu'à la vieillesse comme un citoyen régulier en dehors de la capitale.

Il a été succédé au trône par sa veuve apparente Rasoherina.

Le premier ministre Rainivoninahitriniony a révoqué le traité de Lambert en 1863.

Depuis 1864, le premier ministre Rainilaiarivony s'est efforcé de moderniser l'État en mettant un terme à l'esclavage en 1877, en modernisant le système juridique en 1878 et en établissant une nouvelle constitution en 1881.

Sous l'anglophile Rainilaiarivony, l'influence britannique a considérablement augmenté dans les domaines économiques et religieux.

Intérêts français grandissants

Au début des années 1880 cependant, la faction coloniale française, le lobby catholique de droite et les parlementaires de la Réunion ont tous préconisé une invasion de Madagascar afin de supprimer l'influence britannique.

Le non-respect de la Charte de Lambert et la lettre à Napoléon III ont été utilisés par les Français comme prétexte pour envahir Madagascar en 1883.

Différents conflits ont également contribué à déclencher l'intervention: la minorité Sakalava est restée fidèle à un protectorat français au nord de l'île, un ressortissant français a été tué à Antananarivo et les Merina ont passé une ordonnance pour supprimer le drapeau français.

Cela a déclenché la première phase de la guerre Franco-Hova.

L'expédition

La décision fut prise d'envoyer la division navale de l'amiral Le Timbre.

Les Français sous l'amiral Pierre ont bombardé la côte nord-ouest et occupé Majunga en mai de 1885.

Une colonne a introduit un ultimatum à Antananarivo, demandant la reconnaissance des droits français dans le nord-est de Madagascar, un protectorat français sur le Sakalava, la reconnaissance des principes de propriété français et une indemnité de 1.500.000 francs.

Lorsque l'ultimatum fut refusé, la France bombarda la côte est, occupa Toamasina et arrêta le missionnaire anglais Shaw.

Pendant ce temps, la reine Ranavalona II est morte, comme l'amiral Pierre, qui a succombé à la fatigue de la campagne.

L'amiral Pierre fut remplacé par l'amiral Galiber, puis le contre-amiral Miot.

Un Traité a été signé en Décembre 1885, les Français l'interprétant comme un Traité de Protectorat, tandis que la Reine Ranavalona III et le Premier Ministre Rainilaiarivony l'ont niée.

Le Traité comprenait l'acceptation d'un résident français à Antananarivo et le versement d'une indemnité de 10 millions d'euros.

Le Traité est cependant resté sans effet et conduira à la deuxième expédition de

Madagascar en 1895, qui a abouti à la colonisation française de Madagascar.

Deuxième Guerre Franco-Hova ou Deuxième expédition de Madagascar

La deuxième expédition de Madagascar a été une intervention militaire française qui a eu lieu de 1894 à 1895, facilitant la conquête du Royaume Merina sur l'île de Madagascar par la France.

C'était la dernière phase de la guerre de Franco-Hova et suivait la première expédition de Madagascar de 1883-1885.

Contexte

Madagascar était à l'époque un pays indépendant, gouverné depuis la capitale d'Antananarivo par la dynastie Merina des hautes terres centrales.

L'invasion française a été déclenchée par le refus de la Reine Ranavalona III d'accepter un traité de protectorat de la France, malgré la signature du

Traité Franco-Hova de 1885 après la première expédition de Madagascar.

Le résident général Charles Le Myre de Vilers a rompu les négociations et a effectivement déclaré la guerre à la monarchie malgache.

L'expédition

Un corps expéditionnaire fut envoyé sous le général Jacques Duchesne. Tout d'abord, le port de Toamasina, sur la côte est, et Mahajanga, sur la côte ouest, ont été bombardés et occupés respectivement en décembre 1894 et en janvier 1895.

Quelques troupes ont été débarquées, mais la principale force expéditionnaire est arrivée cependant en mai de 1895, en comptant environ 15.000 hommes, soutenu par environ 6.000 transporteurs.

La campagne devait avoir lieu pendant la saison des pluies, avec des conséquences désastreuses pour le corps expéditionnaire français.

Dès le débarquement des Français, des révoltes éclatèrent ici et là contre le gouvernement Merina de la reine Ranavalona III.

Les soulèvements étaient diversement contre le gouvernement, le travail d'esclave, la christianisation (la cour avait été converti dans les années 1860).

Alors que la force française s'avançait vers Antananarivo, ils devaient construire une route le long du chemin.

En août 1895, les Français n'étaient qu'à mi-chemin à Andriba où il y avait de nombreuses fortifications malgaches mais seulement des combats limités.

La maladie, en particulier le paludisme, mais aussi la dysenterie et la fièvre typhoïde, a fait des ravages dans le corps expéditionnaire français.

L'expédition était une catastrophe médicale: environ 1/3 de la force est morte de maladie.

Au total, il y avait 6 000 morts dans l'expédition, dont 4/5 étaient français.

Le premier ministre malgache et le commandant en chef Rainilaiarivony ont tenté de résister à Tsarasaotra le 29 juin 1895 et à Andriba le 22 août 1895.

Une "colonne volante" d'Andriba, formé de soldats algériens et africains, arrive dans la capitale le 14 septembre 1895.

Des obus explosifs ont été tirés sur le palais, tuant beaucoup de personnes.

Dans tout le conflit, seulement 25 soldats français sont morts des combats.

Conséquences

La conquête de l'île a été officialisée par le vote du 6 août 1896 à l'Assemblée nationale française, qui a favorisé l'annexion de Madagascar.

En dépit du succès de l'expédition, l'étouffement des rébellions sporadiques prendrait encore huit ans jusqu'à 1905, quand l'île a été complètement apaisée par les Français sous Joseph Gallieni.

Pendant ce temps, les insurrections contre les chrétiens malgaches de l'île, les missionnaires et les étrangers étaient particulièrement terribles.

Fin de la monarchie de Merina

Ranavalona et son cabinet ont été initialement autorisés à rester au gouvernement comme des figures symboliques.

La domination française fut remise en question dès le moment de la prise de pouvoir de la capitale par un soulèvement populaire dénommé la rébellion de Menalamba.

La rébellion fut balayée par le général Gallieni un an plus tard.

Le gouvernement français a déterminé qu'un gouverneur civil était incapable d'assurer l'ordre et la soumission du peuple malgache et a ainsi renversé la reine en 1897, dissous la monarchie Merina de 103 ans et installé un gouvernement militaire dirigé par Gallieni.

La reine Ranavalona III a été exilée à la Réunion et plus tard en l'Algérie, où elle est morte en 1917 sans jamais avoir été autorisée à retourner à Madagascar.

Le roi Andrianampoinimerina

Andrianampoinimerina, petit-fils du roi Andriambelomasina et successeur de son oncle le roi Andrianjafy, a réussi à réunir le fragment de Merina à travers une combinaison de diplomatie, de mariages politiques stratégiques et de campagnes militaires réussies contre des princes rivaux.

Andrianampoinimerina s'est distingué des autres rois en codifiant les lois et supervisant la construction de digues et de tranchées pour augmenter la quantité de terres arables autour de sa capitale Antananarivo, dans le but de mettre fin aux famines qui avaient dévasté Merina pendant des décennies.

Au moment de sa mort en 1810, il avait conquis les tribus des hautes terres de Bara et de Betsileo, jetant les bases de l'expansion de son Royaume aux rives de l'île.

Le roi Radama I (1810-1828)

Radama Ier (Radama le Grand) a pris le trône lors d'un tournant de l'histoire européenne qui a eu des répercussions sur Madagascar.

Avec la défaite de Napoléon en 1814-1815, l'équilibre du pouvoir en Europe et dans les colonies européennes changea en faveur de la Grande-Bretagne.

Les Britanniques, désireux de contrôler les routes commerciales de l'Océan Indien, avaient capturé les îles de la Réunion et de Maurice en 1810.

Bien qu'ils aient rétabli la Réunion Française, ils continuèrent de garder l'île Maurice comme une base britannique.

Le gouverneur de Maurice, pour séduire Madagascar du contrôle français, a reconnu Radama Ier, roi de Madagascar dans une manœuvre diplomatique destinée à souligner l'idée de la souveraineté de l'île et à exclure ainsi les revendications de toute puissance européenne.

Radama I a signé des traités avec le Royaume-Uni interdisant la traite négrière et l'admission de missionnaires protestants à Madagascar.

A première vue, les termes de ces traités paraissaient assez inoffensifs mais la proscription du commerce des esclaves affaiblissait l'économie de la Réunion en privant cette île de travailleurs esclaves des plantations de sucre.

En échange, Madagascar a reçu ce que le traité a appelé «l'équivalent»: une somme annuelle de 1000 dollars en or et argent, des quantités de poudre à canon, des fusils et des uniformes de l'armée.

Le gouverneur de Maurice a également envoyé des conseillers militaires qui ont accompagné et parfois dirigé des soldats Merina dans leurs batailles contre les Sakalava et les Betsimisaraka.

Le roi mourut en 1828 en menant son armée dans une guerre contre les Betsimisaraka.

Reine Ranavalona I (1828-1861)

Le règne de 33 ans de la reine Ranavalona I, veuve de Radama I, se caractérisait par une lutte pour préserver la souveraineté culturelle et politique de Madagascar des conceptions coloniales françaises et britanniques.

La reine a répudié les traités que Radama I avait signés avec la Grande-Bretagne et, en 1835 après avoir publié un édit royal interdisant la pratique du christianisme à Madagascar, elle a chassé des missionnaires britanniques de l'île et commencé à persécuter des chrétiens convertis.

Les chrétiens malgaches se souviendraient de cette période comme ny tany maizina, ou «le temps où la terre était sombre».

À l'insu de la reine, son fils et son héritier, le prince héritier (le futur Radama II), a assisté à des messes catholiques en secret.

Le jeune homme a grandi sous l'influence des ressortissants français à Antananarivo.

En 1854, il écrivit une lettre à Napoléon III invitant la France à envahir et coloniser Madagascar.

Le 28 juin 1855, il signe la Charte de Lambert.

Ce document donnait à Joseph-François Lambert, un entrepreneur français arrivé à Madagascar seulement trois semaines auparavant, le droit exclusif d'exploiter tous les minéraux, les forêts et les terres inoccupées de Madagascar en échange d'une redevance de 10% payable à la monarchie Merina.

Dans les années à venir, les Français montreront la Charte de Lambert et la lettre du prince à Napoléon III pour justifier les Guerres de Franco-Hova et l'annexion de Madagascar.

En 1857, la reine découvre un complot par son fils (le futur Radama II) et des ressortissants français dans la capitale pour l'éloigner du pouvoir.

Elle expulsera immédiatement tous les étrangers de Madagascar, épargnant son fils.

Ranavalona est morte en 1861.

Radama II

Radama II (23 septembre 1829 - 12 mai 1863) est le fils et l'héritier de la reine Ranavalona I et a régné de 1861 à 1863 sur le royaume de Madagascar, qui contrôlait pratiquement toute l'île.

Le règne de Radama, bien que brève, a été une période sombre de l'histoire du Royaume de Madagascar.

Sous le règne inflexible de 33 ans de sa mère, la reine Ranavalona I, Madagascar avait su préserver son indépendance culturelle et politique des conceptions françaises et britanniques.

Rejetant la politique d'isolationnisme et de persécution chrétienne de la reine, Radama II a permis la liberté religieuse et ré-ouvert Madagascar à l'influence européenne.

En vertu de la Charte de Lambert, que Radama contractait secrètement en 1855 avec l'entrepreneur français Joseph-François Lambert alors que Ranavalona régnait toujours, les Français se voyaient attribuer des droits exclusifs à l'exploitation de vastes étendues de terres précieuses et d'autres ressources et projets lucratifs.

Cet accord, révoqué plus tard par le Premier ministre Rainilaiarivony, a joué un rôle clé dans l'établissement de la revendication de la France sur Madagascar en tant que protectorat et en 1896 en tant que colonie.

Le contraste dramatique entre l'isolationnisme de Ranavalona et la position pro-européenne de son fils représentait un brusque renversement de la politique qui menaçait l'ordre sociopolitique traditionnel.

Dans un coup d'état mené par son Premier ministre, Rainivoninahitriniony, Radama II a été étranglé le 12 mai 1863.

Son épouse Rabodo, qui a pris le nom de trône Rasoherina, a été autorisée par les ministres à succéder à son mari à condition qu'elle et les futurs souverains ne gouvernent plus unilatéralement, mais plutôt avec les Hova (la classe des citoyens libres) représentée par le poste de Premier ministre.

Le public fut informé que Radama s'était suicidé et que son corps avait été enterré sans cérémonie dans une tombe à Ilafy.

Rumeurs de survie

Après la mort apparente de Radama II, les rumeurs se répandent qu'il avait seulement été rendu inconscient.

Quelques mois après sa mort rapportée, des rumeurs ont commencé à circuler que Radama était vivant, résidant sur la côte ouest de l'île et rassemblait des partisans pour un retour politique.

Les rumeurs persistèrent au point de provoquer des turbulences politiques à Antananarivo.

Reine Rasoherina (1863-1868)

Rasoherina ou Rasoaherina (1814 - 1er avril 1868) fut reine de Madagascar de 1863 à 1868, succédant à son mari Radama II après son supposé assassinat.

Premières années

Rasoherina, la nièce de la reine Ranavalona I, est née Princesse Rabodozanakandriana en 1814, la fille du prince Andriantsalamanandriana, d'Ambohitraina et de la princesse Rafaramanjaka (Ramirahavavy).

En tant que jeune femme, elle a épousé Raharolahy (Raharola), un homme d'État à succès qui a reçu 15 honneurs d'État et a été secrétaire de l'ambassade en Grande-Bretagne (1836-1837), deuxième ministre des Affaires étrangères français (1862), Ministre de l'intérieur (1862-64), conseiller du gouvernement (1864-65) et gouverneur de Toamasina (1865).

Le couple a divorcé en 1847 et cette même année elle a été remariée à Radama II.

Quand il a succédé à sa mère en 1861 en tant que roi Radama II, elle a été couronnée avec lui comme reine consort.

Adhésion au trône

Rasoherina a agi comme reine pendant seulement deux ans avant que les décisions politiques de son mari aient réussi à déplaire à ses ministres.

Une étude menée dans les années 1960 fournit des preuves que Radama a en fait survécu à la tentative d'assassinat et a vécu jusqu'à la vieillesse comme un citoyen régulier en dehors de la capitale, bien que les rumeurs à cette mort n'ont jamais été prouvées à l'époque.

Le jour de sa mort en 1863, le conseil des fonctionnaires du gouvernement de Hova chargé d'organiser le coup, dirigé par les frères Rainivoninahitriniony et Rainilaiarivony, a invité Rabodo à succéder au trône à condition qu'elle signe un contrat stipulant la formation d'une monarchie constitutionnelle avec le pouvoir exécutif entre les mains du Premier ministre.

Ces conditions comprenaient la suppression de tangena (un procès traditionnel) ainsi que la liberté de religion.

Rabelo a été couronné le 13 mai 1863 sous le nom de Rasoherina.

Règne

Le pouvoir réel du royaume au début du règne de Rasoherina était le premier ministre Rainivoninahitriniony, instigateur du coup contre son mari.

Le Premier ministre a conclu un mariage politique avec Rasoherina quelques semaines après le couronnement.

La faction conservatrice sous Ranavalona I était encore actif sous la direction de son ancien premier ministre, Rainijohary.

Cependant, les progressistes de Rainivoninahitriniony ont formé une majorité au Conseil de la Reine et leur plaidoyer pour une politique de modernisation modérément pro-européenne a gagné sur le renversement des politiques de Radama II qui ont été demandées par les conservateurs de Rainijohary.

Cependant, Rainivoninahitriniony encouragea l'ivresse habituelle du pouvoir et la violence fréquente, menaçant apparemment la Reine Rasoherina à plusieurs reprises.

Un an après avoir pris le trône, Rasoherina déposera Rainivoninahitriniony et nommera son frère cadet Rainilaiarivony comme premier ministre.

Pendant le règne de la reine Rasoherina, des ambassadeurs ont été envoyés à Londres et à Paris et les marchés du dimanche ont été interdits.

La Charte de Lambert promulguée par Radama II fut déclarée nulle, au grand mécontentement de la France; une somme de 240 000 ariary (1 200 000 francs français) avait été versée à la France en réparation de la violation de cet lucratif accord commercial.

Le 27 juin 1865, elle signe un traité avec le Royaume-Uni donnant aux citoyens britanniques le droit de louer des terres et des biens sur l'île et d'avoir un ambassadeur résident.

Le 14 février 1867, elle signe un traité avec les États-Unis d'Amérique qui limite l'importation d'armes et l'exportation de bétail.

Un traité avec la France était en étude pendant son règne mais n'a été signé qu'après sa mort.

Conspiration et décès

Dans les derniers jours de la vie de la reine, une conspiration de succession aurait enlevé le Premier ministre Rainilaiarivony du pouvoir et assuré la succession d'un prince nommé Rasata au trône.

Le vendredi 27 mars 1868, à deux heures de l'après-midi, une foule massive armé de fusils et d'épées a tenté d'assaillir la Rova d'Antananarivo, résidence de la reine Rasoherina.

L'ancien premier ministre Rainivoninahitriniony, qui avait été déshonoré, était censé être le principal instigateur de l'action.

Le groupe rebelle a capturé avec succès un certain nombre de personnages clés, y compris le chef de la Garde de la Reine; un groupe de gardiens a toutefois réussi à s'échapper pour aviser le Premier ministre Rainilaiarivony qui se rendait à Ambohimanga où la reine Rasoherina était gravement malade.

Le Premier ministre a donné l'ordre d'arrêter les conspirateurs, dont plusieurs ont été rapidement capturés lors du retour des soldats dans la ville.

A cinq heures du soir, Rasoherina prononça un discours public, demandant à ceux qui étaient favorables à son pouvoir de marcher avec elle dans la capitale; une foule massive a défilé avec elle à travers la ville, démontrant leur appui au royaume.

La reine prononça alors un discours à Andohalo ordonnant au public d'envoyer les conspirateurs connus en justice, avant de retourner à la Rova pour reprendre ses fonctions royales.

La reine est décédée quatre jours plus tard, le 1er avril 1868.

Ranavalona II

Ranavalona II (1829 - 13 juillet 1883) était la reine de Madagascar de 1868 à 1883, succédant à la reine Rasoherina.

Enfance et jeunesse

Ranavalona II est née Princesse Ramoma en 1829 à Ambatomanoina, près d'Antananarivo.

En tant que jeune femme, elle était mariée au roi Radama II, comme sa cousine Rasoherina, et fut veuve après son assassinat lors du coup d'état des nobles de 1863.

Le premier ministre de l'époque, Rainivoninahitriniony, joua un rôle majeur dans l'intrigue de cet assassinat.

Son premier frère, Rainilaiarivony, épousa la reine Rasoherina, puis, à sa mort, aidera à désigner Ranavalona II, le prochain monarque de Madagascar, et l'épousa pour conserver sa position.

Pendant ses années à la cour, le jeune Ramoma a été tué par des missionnaires protestants qui ont grandement influencé ses vues religieuses et politiques.

Elle devenait de plus en plus favorable aux croyances de la religion chrétienne.

Règne

Ranavalona II a succédé au trône à la mort de la Reine Rasoherina le 1er avril 1868.

Le 21 février 1869, elle a conclu un mariage politique avec son Premier ministre, Rainilaiarivony, lors d'une cérémonie publique à Andohalo où la cour a officiellement subi la conversion au christianisme.

Cette conversion fut faite pour amener la faction protestante de plus en plus puissante sous l'influence de la cour royale.

Faisant de Madagascar une nation chrétienne, Ranavalona avait brûlé les talismans royaux traditionnels (sampy) en Septembre 1869 et a remplacé leur autorité par celle de la Bible.

Sous son règne, le problème de la déforestation a été envisagé.

La reine a autorisé la construction des murs en briques et d'autres matériaux durables (précédemment interdit par le roi Andrianampoinimerina).

Elle a également interdit l'agriculture traditionnelle tavy, la fabrication de charbon de bois et la construction de maisons dans les forêts.

Mort et succession

Ranavalona II est mort en 1883 et a été enterré dans Ambohimanga.

Dans le but de désacraliser la ville sainte, en 1897, l'autorité coloniale française a déterré ses restes ainsi que ceux des autres monarques enterrés à Ambohimanga pour les transférer dans les tombeaux du complexe de la Rova d'Antananarivo.

Elle fut remplacée par la reine Ranavalona III, le dernier monarque du royaume.

Ranavalona III

Ranavalona III (22 novembre 1861 - 23 mai 1917) fut le dernier souverain du royaume de Madagascar.

Elle a régné du 30 juillet 1883 au 28 février 1897 et son règne était marqué par la résistance aux conceptions coloniales du gouvernement de la France.

En tant que jeune femme, elle a été sélectionnée parmi plusieurs Andriana qualifiés pour succéder à la reine Ranavalona II à sa mort.

À l'instar des deux reines précédentes, Ranavalona entre dans un mariage politique avec un membre de l'élite de Hova nommée Rainilaiarivony, qui, en sa qualité de premier ministre de Madagascar, a largement supervisé la gouvernance quotidienne du royaume et géré ses affaires étrangères.

Ranavalona a essayé d'empêcher la colonisation en renforçant le commerce et les relations diplomatiques avec les États-Unis et la Grande-Bretagne tout au long de son règne.

Les attaques françaises sur les villes côtières et un assaut sur la capitale d'Antananarivo ont mené finalement à la prise du palais royal en 1895, mettant fin à la souveraineté et à l'autonomie politique du royaume.

Le gouvernement colonial français nouvellement installé a rapidement exilé Rainilaiarivony à Alger.

Ranavalona et sa cour ont d'abord été des figures symboliques, mais le déclenchement d'un mouvement de résistance populaire, la rébellion menalamba et la découverte d'intrigues politiques anti-français à la cour a conduit les Français à exiler la reine sur l'île de la Réunion en 1897.

Rainilaiarivony est décédé cette même année et peu de temps après, Ranavalona a été transféré dans une villa à Alger, ainsi que plusieurs membres de sa famille.

La reine, sa famille et les domestiques qui l'accompagnaient recevaient une allocation et jouissaient d'un niveau de vie confortable, y compris des voyages occasionnels à Paris pour faire du shopping et du tourisme.

Malgré les demandes répétées de Ranavalona, elle n'a jamais été autorisée à retourner à Madagascar.

Elle mourut dans sa villa d'Alger en 1917 à l'âge de 55 ans.

Ses restes ont été enterrés à Alger mais expédiés 21 ans plus tard à Madagascar où ils ont été placés dans la tombe de la reine Rasoherina (Antananarivo).

Premières années

Ranavalona III, fille d'Andriantsimianatra et de la Princesse Raketaka, est née la princesse Razafindrahety le 22 novembre 1861 à Amparibe, un village rural du district de Manjakazafy.

La lignée de Razafindrahety, en tant que nièce de la reine Ranavalona II et arrière-petite-fille du roi Andrianampoinimerina, l'a qualifiée pour hériter potentiellement du trône du Royaume de Madagascar.

Ses parents ont assigné les soins de l'enfant Razafindrahety à un esclave qui a servi la famille.

Quand elle était assez âgée pour aller à l'école, Razafindrahety a été placée sous la garde de sa tante, la reine Ranavalona II, qui a assuré son éducation privée.

Elle a continué son éducation tout au long de son adolescence à l'école Congregational d'Ambatonakanga, à l'école secondaire des filles, et à l'école centrale de filles.

Elle a été baptisée protestante à Ambohimanga le 5 avril 1874.

Razafindrahety épousa Ratrimo Ratrimoarivony qui est mort plusieurs années plus tard le 8 mai 1883, âgé de 22 ans.

La révolution aristocratique de 1863, qui avait été orchestrée par le frère aîné de Rainilaiarivony, le premier ministre Rainivoninahitriniony, avait remplacé le règne absolu de l'Andriana par une monarchie constitutionnelle dans laquelle le pouvoir était partagé entre un monarque Andriana et un Premier ministre Hova.

Cet arrangement devait être cimenté par un mariage politique entre le Premier ministre et une reine choisie par lui.

Règne

Ranavalona III a été proclamé reine après la mort de son prédécesseur, la Reine Ranavalona II, le 13 juillet 1883, et a déménagé à Tsarahafatra, une maison en bois dans le complexe royal de Rova à Antananarivo.

Son couronnement a eu lieu dans le quartier Mahamasina d'Antananarivo le 22 novembre 1883, à l'âge de 22 ans, où elle a reçu le titre de Sa Majesté Ranavalona III.

Elle a choisi de rompre avec la tradition en complétant le cortège coutumier des soldats à sa cérémonie avec un groupe de 500 hommes et 400 élèves féminines des meilleures écoles de la capitale.

Les filles étaient vêtues de blanc tandis que les garçons portaient des uniformes de soldats et faisaient des exercices militaires traditionnels avec des lances.

Comme ses deux prédécesseurs, Ranavalona a conclu un mariage politique avec le Premier ministre Rainilaiarivony.

Le rôle de la jeune reine était en grande partie cérémonial car presque toutes les décisions politiques importantes ont continué à être prises par le premier ministre beaucoup plus vieux et plus expérimenté.

Ranavalona était souvent appelé pour prononcer des discours officiels (kabary) au public au nom de Rainilaiarivony et inaugurer de nouveaux bâtiments publics, comme les cas d'un hôpital à Isoavinandriana et d'une école de filles à Ambodin'Andohalo.

Tout au long de son règne, la tante de Ranavalona, Ramisindrazana, a agi comme une conseillère et a exercé une influence considérable à la cour.

La sœur aînée de Ranavalona, Rasendranoro, dont le fils Rakatomena et la fille Razafinandriamanitra vivaient avec leur mère à la Rova, était également un parent proche.

Ranavalona a passé une grande partie de son temps libre volant des cerfs-volants ou jouant le loto, un jeu de salon, avec ses parents et d'autres dames à la cour.

Elle aimait également l'artisanat.

Elle avait un grand amour pour les beaux vêtements et était la seule souveraine malgache à importer la majorité de ses vêtements de Paris plutôt que de Londres.

En tant que souverain de Madagascar, Ranavalona III est devenu un pion au bout de la manœuvre qui avait lieu entre les Britanniques et les Français depuis le début du siècle.

La tension entre la France et Madagascar s'est accentuée particulièrement dans les trois années précédant la succession de Ranavalona, avec une intensification des attaques dans les mois précédant son couronnement.

En février 1883, la côte nord-ouest fut bombardée, suivie par l'occupation de Mahajanga par les Français en mai, et le bombardement et la prise de Toamasina en juin.

Des attaques le long de la côte nord étaient en cours au moment où Ranavalona III a été couronné à l'été de 1883.

Peu de temps après que les Français ont initié cette dernière série d'hostilités, le Premier ministre Rainilaiarivony a décidé d'engager le lieutenant colonel Willoughby, pour superviser les affaires militaires de la nation et former l'armée de la reine dans le but de défendre l'île contre l'invasion française apparemment inévitable.

Tout au long de cette période, Madagascar a continué à engager les Français dans les négociations.

Après deux années d'impasse, une colonne a donné un ultimatum à Antananarivo en décembre 1885, demandant la reconnaissance des droits français au nord-est de Madagascar, un protectorat français sur le Sakalava, une reconnaissance des principes de propriété française et une indemnité de 1.500.000 francs.

Ce traité de paix a été ratifié par Ranavalona et Rainilaiarivony en janvier 1886 avec la participation des représentants du gouvernement français deux mois plus tard.

Avant la ratification, la reine et son Premier ministre ont demandé des éclaircissements sur plusieurs articles du traité.

Deux principaux négociateurs français, le ministre Patrimonio et l'amiral Miot, ont fourni une explication claire au traité ; ce qui a conduit les dirigeants de Madagascar à considérer le traité comme une garantie suffisante pour justifier leur approbation et leur signature.

La France a transformé l'île en protectorat malgré l'opposition du gouvernement malgache.

La réaction internationale à ce dernier tournant des événements a été variée et fortement colorée par les intérêts nationaux.

Les Britanniques n'étaient pas disposés à défendre la souveraineté de Madagascar.

Tous les engagements officiels britanniques avec Madagascar étaient désormais traités par les résidents français, mais ces communiqués n'étaient pas officiellement reconnus par Ranavalona et sa cour.

Les Etats-Unis et l'Allemagne, d'autre part, ont continué à traiter directement avec le gouvernement de la reine en tant qu'autorité légitime à Madagascar.

Cette divergence a forcé la réinterprétation d'un aspect du traité, ce qui a permis de maintenir l'autorité de la reine sur les affaires intérieures.

En 1886, la reine tenta de solliciter le soutien des États-Unis pour préserver la souveraineté de Madagascar en envoyant des cadeaux au président Grover Cleveland.

Cependant, les États-Unis ne sont ni capables ni enclins à s'affirmer militairement ou diplomatiquement en faveur de la préservation de l'indépendance de Madagascar.

Ranavalona a signé un traité accordant de nouvelles concessions aux Français le 12 décembre 1887.

La revendication de la France a été officiellement reconnue par la Grande-Bretagne dans l'accord anglo-français de 1890.

Entre 1890 et 1894, les Français cherchaient à revendiquer agressivement ce qu'ils croyaient être les droits territoriaux établis par le traité.

Cependant, ces revendications et colonies de terre françaises ont été perçues par Ranavalona et Rainilaiarivony comme un empiètement injustifiable sur la souveraineté malgache.

En fin de compte, Charles Le Myre de Vilers a été envoyé pour persuader la reine et son Premier ministre de se soumettre à l'interprétation française du traité avec l'intention de lancer une guerre et de prendre l'île par la force.

L'offre française a été catégoriquement refusée et les relations diplomatiques entre la France et Madagascar ont été interrompues en novembre 1894.

Au terme des relations diplomatiques, les Français bombardent et occupent le port de Toamasina sur la côte est en décembre 1894, puis capturent Mahajanga sur la côte ouest le mois suivant et commencent immédiatement leur progression en construisant des routes à travers les marécages palustre qui entravent le passage à la l'intérieur de l'île.

Les principales troupes expéditionnaires sont arrivées en mai. Plus de 6 000 des 15 000 soldats français d'origine ont perdu la vie à cause des maladies alors qu'ils progressaient vers l'intérieur.

La colonne a atteint la capitale en septembre de 1895. Pendant trois jours, l'armée malgache réussit à tenir les troupes françaises à la périphérie de la ville, mais après le bombardement français du complexe du palais de Rova avec de l'artillerie lourde, Ranavalona accepta de livrer le contrôle de son royaume aux Français.

Pendant la colonisation française

La France a officiellement annexé Madagascar le 1er janvier 1896. En août, les Français ont officiellement déclaré Madagascar comme leur colonie et ont exilé le Premier ministre Rainilaiarivony à Alger (en Algérie française) où il est mort l'année suivante.

La reine et une grande partie de son administration demeuraient, mais n'avaient plus de véritable pouvoir politique.

Peu de temps après l'exil de Rainilaiarivony, Ranavalona a été approché par un fonctionnaire français qui l'a informée qu'un nouveau Premier ministre devrait être choisi.

La reine conclut hâtivement que le général Jacques Duchesne, le général français qui avait mené avec succès la campagne militaire contre la monarchie Merina, serait un choix probable.

Surpris, le fonctionnaire français la rassura que la France n'eût nullement l'intention d'imposer un mari à la reine et ne l'obligerait plus à épouser un premier ministre.

Le ministre des Affaires étrangères de la reine, Rainitsimbazafy, fut nommé au poste de premier ministre.

En décembre 1895, deux mois après la capture française d'Antananarivo, la résistance populaire à la domination française émergea sous la forme d'une rébellion, Menalamba.

Cette guerre de guérilla contre les étrangers, le christianisme et la corruption politique s'est rapidement répandue dans toute l'île.

Le mouvement de résistance a gagné du terrain jusqu'à ce qu'il soit effectivement écrasé par les militaires français à la fin de 1897.

Les membres de la cour de Ranavalona ont été accusés d'encourager les rebelles et de nombreuses personnalités de premier plan ont été exécutées, dont l'oncle de la reine Ratsimamanga (frère de son conseiller favori, Ramisindrazana) et son ministre de la guerre, Rainandriamampandry.

Ramisindrazana, la tante de la reine, fut exilé à la Réunion, les Français étant réticents à exécuter les femmes.

La résistance a conduit le gouvernement de la France à remplacer le gouverneur civil de l'île, Hippolyte Laroche, par un gouverneur militaire, Joseph Gallieni.

La veille de son arrivée à Antananarivo, Gallieni envoya un message à la reine, lui demandant de se présenter et de présenter son entourage au quartier général militaire.

La reine fut obligée de signer des documents remettant toute la propriété royale à la France avant d'être mise en état d'arrestation et emprisonnée dans son propre palais.

Ranavalona a accepté de se convertir au catholicisme romain Pendant qu'elle était emprisonnée.

Exil

Gallieni a poussé Ranavalona vers l'exil le 27 février 1897 et officiellement aboli la monarchie le lendemain.

Les responsables français ont ordonné à la reine de quitter son palais à 1h30 du matin.

Accompagnée par 1000 soldats, elle a été transportée dans Antananarivo pendant que la ville dormait et embarqué à bord d'un navire à destination de la Réunion.

À Toamasina, le 6 mars, Ranavalona a été avertie que sa soeur Rasendranoro et sa tante

Ramasindrazana arriveraient bientôt, de même que la nièce de la reine, Razafinandriamanitra, âgée de quatorze ans, enceinte de neuf mois d'un enfant illégitime français.

Ensemble, la famille a navigué jusqu'au port de la Pointe des Galets, un site situé à 20 kilomètres de la capitale Saint-Denis, pour assurer une arrivée discrète.

Razafinandriamanitra a donné naissance à une petite fille à la Réunion, mais n'a pas pu récupérer sa force et est morte cinq jours plus tard.

L'enfant s'appelait Marie-Louise et fut baptisée catholique pour ne pas s'opposer aux Français.

Marie-Louise, qui aurait pu devenir héritière selon les règles traditionnelles de la succession, a été adoptée par Ranavalona comme sa propre fille.

En plus de la reine, de sa tante, de sa sœur et de sa grand-nièce, la maison royale comprenait deux secrétaires, une cuisinière, une femme de chambre, trois domestiques pour Ranavalona et plusieurs autres domestiques pour sa tante et sa sœur.

Le pasteur privé de la reine était autorisé à faire librement des visites à la maison royale.

Alors que les tensions entre l'Angleterre et la France commençaient à monter une fois de plus, la proximité de la reine avec Madagascar était perçue comme une source possible d'encouragement pour les rebelles malgaches.

Le 1er février 1899, les autorités françaises ont brusquement décidé d'enyoyer Ranavalona en Algérie, un lieu plus éloigné.

Tout au long du voyage, les divers capitaines chargés du voyage ont reçu des ordres pour empêcher Ranavalona de parler avec n'importe qui qui n'était pas français.

Ranavalona a été détenu pendant plusieurs mois à Marseille avant d'être transféré dans une villa à Alger.

Algérie

A la villa de la reine d'Alger, Ranavalona avait un domestique français qui la gardait sous observation et restait présent chaque fois que la reine recevait des invités.

En outre, le gouvernement de la France a fourni initialement à Ranavalona une allocation annuelle de 25.000 francs.

Presque tous les biens de la reine avaient été saisis par les autorités coloniales, bien qu'elle ait été autorisée à garder certains effets personnels, y compris certains de ses bijoux.

Sa pension initiale a permis un style de vie si humble que le gouvernement colonial de l'Algérie a exercé des pressions sans succès plusieurs fois en son nom pour obtenir une augmentation financière.

Ranavalona a également chargé une servante de vendre une partie de ses bijoux, mais le plan a été découvert par les autorités coloniales françaises et le domestique a été renvoyé à Madagascar.

Durant les premières années de son exil en Algérie, Ranavalona a vite découvert le mode de vie Algérien. Elle a été régulièrement invitée à des fêtes, des sorties et des événements culturels et a souvent accueilli des événements de son propre domaine.

Cependant, le mal du pays était toujours présent et l'impossibilité de visiter Madagascar a contribué à la mélancolie et à l'ennui.

Elle faisait souvent de longues promenades seuls dans la campagne, le long de la plage ou à travers la ville pour éclaircir son esprit et élever son esprit. La reine était impatiente de voir la France métropolitaine et surtout Paris et de soumettre à plusieurs reprises des demandes formelles d'autorisation de voyager.

Ceux-ci ont été systématiquement refusés jusqu'à mai 1901 quand Ranavalona a reçu la première autorisation de visiter la France.

Ce même mois, la reine s'installe dans un petit appartement du 16ème arrondissement de Paris, près de l'avenue des Champs-Élysées et de la place Charles de Gaulle.

Elle a été largement reçue par la haute société avec admiration.

Durant ce premier voyage, Ranavalona a visité le Palais de Versailles, a été officiellement reçu à l'Hôtel de Ville de Paris et a passé trois semaines de vacances à Bordeaux.

Enfin, Ranavalona a visité les plages d'Arcachon avant d'épuiser son budget et d'embarquer sur un navire à Marseille pour l'Algérie au début d'août.

Les détails de sa visite ont attiré l'attention de la presse parisienne qui a exprimé sa sympathie pour le destin de la reine.

Ranavalona reviendrait en France six fois de plus au cours des douze prochaines années.

Ses fréquentes visites et son excellente réputation en font la cause célèbre de beaucoup de Français qui ont pitié du sort de la reine et admirent sa nouvelle vie.

Les visites de Ranavalona étaient généralement accompagnées de beaucoup de fanfare médiatique et la popularité de la reine parmi le public français a grandi au point qu'elle a été présentée sur la boîte de petits biscuits de Beurre en 1916.

La seconde visite de la reine en France a eu lieu en septembre 1903.

La pression exercée par les citoyens au cours de cette visite a réussi à porter sa pension à 37 000 francs.

Deux ans plus tard, elle rendrait visite à Marseille et à Saint-Germain et habitait un grand appartement parisien de cinq chambres.

Encore une fois, à cause de la pression de citoyens français sympathiques, la pension de Ranavalona a été portée à 50 000 francs par an.

D'août à septembre 1910, Ranavalona rendrait visite à Paris, Nantes, et Saint-Nazaire.

Son voyage de 1912 dans le petit village éloigné de Quiberville coïnciderait avec l'augmentation de sa pension annuelle à 75 000 francs.

Le dernier voyage de la reine en 1913 l'emmènerait à Marseille, Aix-les-Bains et Allevard.

L'avènement de la Première Guerre mondiale en 1914 met un terme aux visites de Ranavalona en France.

Tout au long de son séjour en Algérie, elle et sa famille fréquentaient régulièrement le service protestant hebdomadaire d'une l'Église réformée dans le centre d'Alger.

Après la guerre, elle a cherché à contribuer en participant activement aux activités de la Croix-Rouge algérienne.

Mort et conséquences

Ranavalona est morte sans jamais être retourné à Madagascar, après que deux demandes formelles en 1910 et 1912 aient été refusées sous prétexte de fonds insuffisants dans les caisses coloniales.

La reine exilée est morte subitement dans sa villa en Algérie le 23 mai 1917.

Ranavalona a été inhumée au cimetière Saint-Eugène à Alger à 10h00 le 25 mai.

Ses funérailles ont été suivies par des dizaines d'amis personnels, d'admirateurs, de collègues de la Croix-Rouge, de membres de sa paroisse et de personnalités éminentes de l'élite politique et culturelle Algérienne.

Cette effusion de respect et de souvenir de la part des amis de Ranavalona n'a pas été reflétée par les actions ultérieures de l'administration coloniale française à Madagascar.

En juin 1925, huit ans après la mort de la reine, le gouverneur général de l'Algérie a informé le gouverneur général de Madagascar par lettre que les paiements pour l'entretien de la tombe de Ranavalona étaient en défaut.

Il a exhorté le gouvernement colonial à Madagascar à fournir des fonds pour l'entretien de la tombe délabrée, soulignant qu'une telle négligence était indigne de la mémoire de la reine et du gouvernement de la France.

La demande a été refusée deux fois et la tombe n'a jamais été rénovée.

En novembre 1938, les restes de Ranavalona ont été transférés au tombeau de la reine Rasoherina à Madagascar.

Un incendie dans la nuit du 6 novembre 1995 a gravement endommagé les tombes royales et a détruit la plupart des autres bâtiments sur le site.

Les restes enveloppés de Ranavalona III étaient les seuls qui pouvaient être sauvés des flammes.

Ceux-ci ont depuis été ré-enterrés dans les tombeaux royaux à Ambohimanga.

Après la mort de Ranavalona, sa tante Ramasindrazana quitte l'Algérie et déménage dans les Alpes-Maritimes où elle vit les quelques années restantes de sa vie.

L'héritière, Marie-Louise, avait quitté la villa de Ranavalona plusieurs années auparavant pour étudier dans un lycée français et allait épouser un ingénieur agricole français nommé André Bosshard le 24 juin 1921.

Bien qu'elle continuât à recevoir une petite pension du gouvernement français tout au long de sa vie, Marie-Louise a choisi de poursuivre une carrière d'infirmière et a reçu la Légion d'honneur pour ses services médicaux pendant la Seconde Guerre mondiale.

Marie-Louise mourut à Bazoches-sur-le-Betz le 18 janvier 1948, sans laisser de descendants, et fut enterrée à Montreuil, en France.

Reconnaissance internationale et modernisation du Royaume (1817-1895)

Le royaume de Madagascar a continué sa transformation d'une monarchie cultivée localement à un état moderne, tout au long du XXIe siècle

Avant Radama I, la langue malgache était écrite dans un script appelé sorabe.

En 1820, sous la direction de David Jones, Radama I a codifié le nouvel alphabet malgache de 21 lettres qui remplace le vieil alphabet sorabe.

En 1830, la Bible fut le premier livre écrit dans ce nouvel alphabet malgache.

Il s'agit de la plus ancienne traduction complète de la Bible en langue subsaharienne.

Les États-Unis et le Royaume de Madagascar ont conclu une convention commerciale en 1867 et échangé des cadeaux avec le président Andrew Johnson.

Un traité de paix, d'amitié et de commerce fut signé en 1881.

Durant le règne de Ranavalona I, les premières tentatives d'industrialisation ont eu lieu à partir de 1835 sous la direction du Français Jean Laborde, survivant d'un naufrage au large de la côte est, produisant du savon, de la porcelaine, des outils métalliques et des armes à feu (fusils, canons etc....).

En 1864, Antananarivo ouvre le premier hôpital et une école de médecine moderne.

Deux ans plus tard apparaît le premier journal.

Une revue scientifique en anglais est sortie de 1875.

En 1894, à la veille de l'établissement de la domination coloniale, les écoles du royaume, principalement dirigées par les missions protestantes, ont été suivies par plus de 200 000 étudiants.

La colonisation française

Dans le traité de Berlin, les Britanniques acceptèrent les revendications de la France pour exercer son influence sur Madagascar et un traité d'alliance entre la France et Madagascar fut signé le 17 décembre 1885 par la reine Ranavalona III.

Les désaccords sur la mise en œuvre de ce traité ont servi de prétexte à l'invasion française de 1895, qui n'a rencontré que peu de résistance.

L'autorité du premier ministre Rainilaiarivony, au pouvoir depuis 1864, était en effet devenue très impopulaire auprès du public.

Les Britanniques acceptèrent l'imposition d'un protectorat français sur Madagascar en 1890 en échange d'un éventuel contrôle britannique sur Zanzibar (partie subséquente de la Tanzanie).

L'intention des Français était d'abord de maintenir le protectorat afin de contrôler l'économie et les relations extérieures de l'île.

Mais plus tard, le déclenchement de la rébellion de Menalamba et l'arrivée du général Gallieni en

1896 ont conduit à la colonisation de l'île et à l'exil de la reine en Algérie.

Les troupes malgaches ont combattu en France, au Maroc et en Syrie pendant la Seconde Guerre mondiale.

Avant la mise en œuvre de la solution finale, l'Allemagne nazie avait examiné le plan de Madagascar, qui aurait déplacé les juifs européens à Madagascar.

Après la chute de la France en 1940, le gouvernement de Vichy a administré Madagascar jusqu'en 1942, lorsque les troupes de l'Empire britannique ont occupé l'île stratégique lors de la bataille de Madagascar afin d'empêcher sa saisie par les Japonais.

Le Royaume-Uni a remis le contrôle de l'île aux forces françaises libres en 1943.

Révolte et décolonisation (1947-1960)

En 1948, le gouvernement français, dirigé par le Premier ministre Paul Ramadier de la section française du Parti international des travailleurs (SFIO), a neutralisé la révolte de Madagascar, un soulèvement nationaliste.

Les Français ont ensuite créé des institutions réformées en 1956 en vertu de la Loi Cadre et Madagascar s'est déplacé pacifiquement vers l'indépendance.

La République malgache, proclamée le 14 octobre 1958, est devenue un État autonome au sein de la Communauté française.

Le 26 mars 1960, la France a accepté que Madagascar devienne pleinement indépendante.

Le 26 juin 1960, Madagascar devint un pays indépendant et Philibert Tsiranana devint son premier président.

Indépendance

Première République (1960-1972)

La politique de Tsiranana représentait la continuation avec les colons français toujours dans les positions du pouvoir. Contrairement à de nombreuses anciennes colonies françaises, la République Malgache résistait fortement aux mouvements vers le communisme.

En 1972, les protestations contre ces politiques ont pris fin et Tsiranana a dû se retirer.

Il a remis le pouvoir au général Gabriel Ramanantsoa de l'armée et au gouvernement provisoire. Ce régime a renversé la politique antérieure en faveur de liens plus étroits avec l'Union soviétique.

Le 5 février 1975, le colonel Richard Ratsimandrava devient président de Madagascar.

Après six jours en tant que chef du pays, il meurt assassiné au palais présidentiel.

Le pouvoir politique passa à Gilles Andriamahazo.

Deuxième République (1972-1991)

Le 15 juin 1975, le lieutenant-commandant Didier Ratsiraka (qui avait précédemment été ministre des Affaires étrangères) est arrivé au pouvoir à la faveur d'un coup d'état.

Élu président pour un mandat de sept ans, Ratsiraka a progressé vers le socialisme, nationalisant une grande partie de l'économie et coupant tous les liens avec la France.

Ces politiques ont accéléré le déclin de l'économie malgache qui avait commencé après l'indépendance alors que les immigrants français quittaient le pays, laissant derrière eux une pénurie de compétences et de technologies.

Le premier mandat de Ratsiraka en tant que président a duré sept ans après que son parti Avant-garde pour la Révolution Malgache (AREMA) devienne le seul parti légal des élections de 1977.

Dans les années 1980, Madagascar est revenu en arrière vers la France, en abandonnant beaucoup de ses politiques d'inspiration communiste en faveur d'une économie de marché, bien que Ratsiraka ait toujours gardé le pouvoir.

Finalement, l'opposition, à l'intérieur comme à l'extérieur, a forcé Ratsiraka à considérer sa position et en 1992, le pays a adopté une nouvelle constitution démocratique.

Troisième République (1991-2002)

Les premières élections multipartites ont eu lieu en 1993, avec Albert Zafy battant Ratsiraka.

En dépit d'être un fervent partisan d'une économie libérale et de libre marché, Zafy a organisé sa politique autour des critiques du FMI et de la Banque mondiale.

Durant sa présidence, il a lutté pour mettre en œuvre les directives du FMI et de la Banque mondiale.

En tant que président Zafy a été frustré par les restrictions mises sur les pouvoirs de son bureau par la nouvelle constitution.

Sa quête d'un pouvoir exécutif accru l'a mis en collision avec le Parlement dirigé par le premier ministre Francisque Ravony.

Les élections qui suivirent ont vu une participation de moins de 50% et ont inopinément entraîné la réélection de Didier Ratsiraka.

Il se dirigea vers le capitalisme. L'influence du Fonds monétaire international (FMI) et de la Banque mondiale a conduit à une privatisation généralisée.

L'opposition à Ratsiraka a recommencé à se développer.

Les partis d'opposition ont boycotté les élections provinciales en 2000 et l'élection présidentielle de 2001 a suscité davantage de controverses.

Le candidat de l'opposition Marc Ravalomanana a réclamé la victoire après le premier tour (en décembre) mais le titulaire a rejeté cette position. Au début de 2002, les partisans des deux camps ont pris la rue et des affrontements violents ont eu lieu.

Ravalomanana a affirmé que la fraude avait eu lieu dans les sondages.

Après un récit d'avril, la Haute Cour constitutionnelle a déclaré Ravalomanana président.

Ratsiraka a continué à contester le résultat mais son adversaire a gagné la reconnaissance internationale, et Ratsiraka a dû s'exiler en France, bien que les forces loyales à lui aient continué des activités à Madagascar.

Le parti Tiako I Madagasikara de Ravalomanana a connu un succès électoral écrasant en décembre 2001 et il a survécu à une tentative de coup d'État en janvier 2003.

Il a utilisé son mandat pour travailler en étroite collaboration avec le FMI et la Banque mondiale pour réformer l'économie.

Ratsiraka a été jugé pour détournement de fonds (les autorités l'ont accusé d'avoir emporté 8 millions de dollars en exil) et le tribunal l'a condamné à dix ans de travaux forcés.

Ravalomanana est crédité de l'amélioration de l'infrastructure du pays, comme les routes, avec des améliorations dans l'éducation et la santé, mais a été critiqué pour son manque de progrès contre la pauvreté; le pouvoir d'achat aurait diminué au cours de son mandat.

Le 18 novembre 2006, son avion a été forcé de se détourner de la capitale malgache lors d'un voyage de retour en Europe suite à un coup d'Etat en cours à Antananarivo et au tir près de l'aéroport; toutefois, cette prétendue tentative de coup n'a pas abouti.

Ravalomanana a été candidat pour un deuxième mandat lors de l'élection présidentielle tenue le 3 décembre 2006.

Selon les résultats officiels, il a remporté l'élection avec 54,79% des voix au premier tour; ses meilleurs résultats ont été obtenus dans la province d'Antananarivo, où il a reçu le soutien de 75,39% des électeurs.

Il a prêté serment pour son deuxième mandat le 19 janvier 2007.

Ravalomanana a dissous l'Assemblée nationale en juillet 2007, avant la fin de son mandat, à la suite d'un référendum constitutionnel au début de l'année.

Ravalomanana a déclaré qu'une nouvelle élection devait avoir lieu afin que l'Assemblée nationale reflète les changements apportés à ce référendum.

Il était impliqué dans un affrontement politique après avoir fermé la station de télévision appartenant à Andry Rajoelina, le maire d'Antananarivo.

En janvier 2009, Andry Rajoelina et les principaux adversaires du président Ravalomanana ont organisé et dirigé des manifestations violentes.

La situation a fondamentalement changé le 10 mars 2009, lorsque les chefs de l'armée ont forcé le secrétaire de la défense récemment nommé à démissionner (le précédent avait décidé de démissionner après les meurtres commis par la garde présidentielle le 7 février 2009).

Ils ont également annoncé qu'ils ont donné aux opposants 72 heures pour dialoguer et trouver une solution à la crise avant de prendre d'autres mesures.

Cette décision est intervenue après que les dirigeants du principal camp militaire avaient annoncé un jour plus tôt qu'ils n'accompliraient plus les ordres venant de la présidence puisque leur devoir était de protéger le peuple et non de l'opprimer.

Le 16 mars, l'armée a saisi le palais présidentiel au centre d'Antananarivo.

Ravalomanana n'était pas dans le palais à l'époque.

Il a finalement remis sa démission à l'armée, qui a alors décidé de livrer le pouvoir à son rival politique féroce, Andry Rajoelina.

Le leader de l'opposition et maire d'Antananarivo, Andry Rajoelina, a dirigé un mouvement au début de 2009 dans lequel Ravalomanana a été chassé du pouvoir dans un processus inconstitutionnel largement condamné comme un coup d'état.

En mars 2009, Rajoelina a été déclarée par la Cour suprême comme le Président de l'Autorité de transition, un organe directeur intérimaire chargé de déplacer le pays vers les élections présidentielles.

En 2010, une nouvelle constitution a été adoptée par référendum, établissant une Quatrième République, qui a soutenu la structure démocratique multipartite établie dans la constitution précédente.

Hery Rajaonarimampianina a été déclaré vainqueur de l'élection présidentielle de 2013, que la communauté internationale a jugée juste et transparente.

Gouvernement

Madagascar est une république semi-présidentielle représentative multipartite, où le président élu est le chef de l'Etat et choisit un premier ministre, qui recommande des candidats au président pour former son cabinet.

Selon la Constitution, le pouvoir exécutif est exercé par le gouvernement tandis que le pouvoir législatif appartient au Sénat et à l'Assemblée nationale, bien qu'en réalité ces deux derniers organes aient très peu de pouvoir ou de rôle législatif.

La constitution établit des organes exécutifs, législatifs et judiciaires indépendants et mandate un président élu par le peuple, limité à trois mandats de cinq ans.

Le peuple élit directement le président et les 127 membres de l'Assemblée nationale à des mandats de cinq ans.

La dernière élection de l'Assemblée nationale a eu lieu le 20 décembre 2013.

Les 33 membres du Sénat siègent à six ans, avec 22 sénateurs élus par des fonctionnaires locaux et 11 nommés par le président.

Après avoir pris le pouvoir, Rajoelina a dissous l'Assemblée nationale et le Sénat, laissant la nation sans corps législatif constitutionnel.

Au niveau local, les 22 provinces de l'île sont administrées par un gouverneur et un conseil provincial.

Les provinces sont subdivisées en régions et en communes. Le pouvoir judiciaire s'exerce sur le mode français, avec une Haute Cour constitutionnelle, une Haute Cour de justice, une Cour suprême, une Cour d'appel, des tribunaux pénaux et des tribunaux de première instance.

Les tribunaux, qui adhèrent au droit civil, n'ont pas la capacité de juger rapidement et de manière transparente les affaires dans le système judiciaire, obligeant souvent les accusés à passer de longues détentions avant jugement dans des prisons insalubres et surpeuplées.

Antananarivo est la capitale administrative et la plus grande ville de Madagascar.

Elle est située dans la région des montagnes, au centre de l'île.

Le roi Andrianjaka a fondé Antananarivo comme la capitale de son royaume Merina vers 1610 ou 1625 sur le site d'une capitale capturée Vazimba sur la colline d'Analamanga.

Tandis que la domination Merina s'étendait sur les peuples malgaches voisins au début du XIXe siècle pour établir le Royaume de Madagascar, Antananarivo devint le centre d'administration de presque toute l'île.

La ville est restée la capitale de Madagascar après avoir retrouvé son indépendance en 1960.

En 2011, la population de la capitale était estimée à 1 300 000 habitants. Les villes suivantes sont Antsirabe (500 000), Toamasina (450 000) et Mahajanga (400 000).

Politique

Depuis que Madagascar a obtenu l'indépendance de la France en 1960, les transitions politiques de l'île ont été marquées par de nombreuses protestations populaires, plusieurs élections contestées, une mise en accusation, deux coups militaires et un assassinat.

Les crises politiques récurrentes de l'île sont souvent prolongées, avec des effets néfastes sur l'économie locale, les relations internationales et le niveau de vie malgache.

L'échec de huit mois entre Ratsiraka et Marc Ravalomanana, à la suite des élections présidentielles de 2001, a coûté à Madagascar des millions de dollars en perte de revenus touristiques et commerciaux, ainsi que des dommages aux infrastructures, comme des ponts bombardés et des bâtiments endommagés les incendies.

Une série de manifestations menées par Andry Rajoelina contre Ravalomanana au début de 2009 est devenue violente, avec plus de 170 personnes tuées.

La politique moderne à Madagascar est colorée par l'histoire de la domination Merina des communautés côtières au IXXe siècle.

La tension qui en résulte entre les populations des hautes terres et des zones côtières s'est périodiquement transformée en événements isolés de violence.

Madagascar a toujours été perçu comme étant à la marge des affaires africaines dominantes, bien qu'il soit un membre fondateur de l'Organisation de l'Unité africaine (OUA), qui a été créé en 1963 et dissous en 2002 pour être remplacé par l'Union Africaine (UA).

Madagascar n'a pas été autorisé à assister au premier sommet de l'Union africaine en raison d'un différend sur les résultats de l'élection présidentielle de 2001, mais a rejoint l'Union africaine en juillet 2003.

Madagascar a de nouveau été suspendu par l'Union africaine en mars 2009 suite au transfert inconstitutionnel du pouvoir exécutif à Rajoelina.

Madagascar est membre de la Cour pénale internationale. Onze pays ont établi des ambassades à Madagascar, dont la France, le Royaume-Uni, les États-Unis, la Chine et l'Inde.

Les droits de l'homme à Madagascar sont protégés par la Constitution et l'Etat est signataire de nombreux accords internationaux, dont la Déclaration universelle des droits de l'homme et la Convention relative aux droits de l'enfant.

Les minorités religieuses, ethniques et sexuelles sont protégées par la loi. La liberté d'association et de réunion est également garantie par la loi, bien que, dans la pratique, le déni de permis d'assemblée publique ait parfois été utilisé pour empêcher des manifestations politiques.

La torture par les forces de sécurité est rare et la répression de l'État est faible par rapport à d'autres pays avec relativement peu de garanties légales, bien que les arrestations arbitraires et la corruption des militaires et policiers restent des problèmes.

La création en 2004 par Ravalomanana du bureau de lutte contre la corruption a entraîné une réduction de la corruption parmi les bureaucrates inférieurs d'Antananarivo, même si les hauts fonctionnaires n'ont pas été poursuivis par le Bureau.

Sécurité

La montée des royaumes centralisés entre les Sakalava, Merina et d'autres groupes ethniques a produit les premières armées debout de l'île au XVIe siècle, initialement équipé des lances mais plus tard des mousquets, des canons et d'autres armes à feu.

Au début du XIXe siècle, les souverains Mérina du royaume de Madagascar avaient amené une grande partie de l'île sous leur contrôle en mobilisant une armée de 30 000 soldats entraînés et armés.

Les attaques françaises sur les villes côtières à la ont incité le Premier ministre Rainilaiarivony à solliciter l'aide britannique pour assurer la formation de l'armée de la monarchie Merina. Malgré la formation et le leadership des conseillers militaires britanniques, l'armée malgache ne pouvait résister aux armes françaises et a dû se rendre après une attaque contre le palais royal d'Antananarivo.

Madagascar a été déclarée colonie Française en 1897.

L'indépendance politique et la souveraineté des forces armées malgaches, comprenant une armée, une marine et une force aérienne, ont été restaurées avec l'indépendance de la France en 1960.

Depuis cette époque, l'armée malgache ne s'est jamais engagée dans un conflit armé avec un autre Etat ou à l'intérieur de ses frontières, mais elle est parfois intervenue pour rétablir l'ordre pendant les périodes d'agitation politique.

Sous la Deuxième République socialiste, l'amiral Didier Ratsiraka a mis en place un service national ou militaire obligatoire pour tous les jeunes citoyens sans distinction de sexe, politique qui est restée en vigueur de 1976 à 1991.

Les forces armées sont placées sous la direction du ministre de l'Intérieur et sont restées largement neutres en période de crise politique, comme lors de l'impasse prolongée entre

Ratsiraka et Marc Ravalomanana lors des élections présidentielles contestées de 2001, lorsque l'armée a refusé d'intervenir en faveur des deux candidats.

Le ministre de l'Intérieur est responsable de la police nationale, de la force paramilitaire (gendarmerie) et de la police.

La police et la gendarmerie sont stationnées et administrées au niveau local.

Toutefois, en 2009, moins d'un tiers de toutes les communes avaient accès aux services de ces forces de sécurité, la plupart n'ayant pas de quartier général local pour les deux corps.

Les tribunaux communautaires traditionnels, appelés dina, sont présidés par des aînés et d'autres personnalités respectées et restent un moyen essentiel de servir la justice dans les zones rurales où la présence de l'État est faible.

Historiquement, la sécurité a été relativement élevée à travers l'île.

Les taux de criminalité violents sont faibles et les activités criminelles sont essentiellement des crimes d'opportunité tels que le vol, bien que la prostitution des enfants, la traite des êtres humains, la production et la vente de marijuana et d'autres drogues illégales existent.

Les réductions budgétaires depuis 2009 ont fortement affecté la police nationale, entraînant une forte augmentation de l'activité criminelle.

Divisions administratives

Madagascar est subdivisé en 22 régions (Faritra).

Les régions sont subdivisées en 119 districts, 1579 communes et 17 485 fokontany.

Économie

Durant la Première République de Madagascar, la France a fortement influencé la planification et la politique économiques et a été son principal partenaire commercial.

Les principaux produits ont été cultivés et distribués à l'échelle nationale par le biais de coopératives de producteurs et de consommateurs.

Des initiatives gouvernementales, comme un programme de développement rural et des fermes d'État, ont été créées pour stimuler la production de produits tels que le riz, le café, le bétail, la soie et l'huile de palme.

L'insatisfaction populaire à l'égard de ces politiques a été un facteur clé dans le lancement de la Deuxième République socialiste-marxiste, dans laquelle les industries autrefois privées de la banque et de l'assurance ont été nationalisées; des monopoles d'État ont été établis pour des industries telles que le textile et coton; et le commerce d'importation-exportation et d'expédition ont été placés sous contrôle de l'état.

L'économie de Madagascar s'est rapidement détériorée avec la chute des exportations, la production industrielle a chuté de 75%, l'inflation et la dette publique ont augmenté; la population rurale a rapidement été réduite à vivre à des niveaux de subsistance. Plus de 50% des recettes d'exportation du pays ont été consacrées au service de la dette.

Le FMI a forcé le gouvernement malgache à accepter les politiques d'ajustement structurel et la libéralisation de l'économie lorsque l'Etat a fait faillite en 1982 et les industries étatisées ont été progressivement privatisées au cours des années 1980.

La crise politique de 1991 a entraîné la suspension de l'assistance du FMI et de la Banque mondiale.

Les conditions de la reprise de l'aide n'ont pas été satisfaites sous Zafy, qui a essayé sans succès d'attirer d'autres formes de revenus pour l'Etat avant que l'aide ne soit de nouveau reprise par le gouvernement intérimaire établi après la mise en accusation de Zafy.

Le FMI a accepté de radier la dette de Madagascar en 2004 sous l'administration Ravalomanana.

Le PIB de Madagascar en 2009 a été estimé à 8,6 milliards de dollars américains, avec un PIB par habitant de 438 dollars américains.

Environ 69% de la population vit en dessous du seuil de pauvreté avec un dollar américain par jour.

Le secteur agricole représentait 29% du PIB malgache en 2011, tandis que le secteur manufacturier représentait 15% du PIB.

Les sources de croissance de Madagascar sont le tourisme, l'agriculture et les industries extractives.

Le tourisme se concentre sur la biodiversité unique de Madagascar, les habitats naturels préservés et les parcs nationaux.

On estime que 365 000 touristes ont visité Madagascar en 2008, mais le secteur a décliné en raison de la crise politique avec 180 000 touristes en 2010.

Ressources naturelles et commerce

Les ressources naturelles de Madagascar comprennent une variété de ressources agricoles et minérales non transformées.

L'agriculture, la pêche et la sylviculture sont les piliers de l'économie.

Madagascar est le principal fournisseur mondial de vanille, de clous de girofle et d'ylang-ylang.

Les autres ressources agricoles clés comprennent le café, les litchis et les crevettes.

Parmi les principales ressources minérales figurent divers types de pierres précieuses et semi-précieuses, et Madagascar fournit actuellement la moitié de l'offre mondiale de saphirs, qui ont été découverts près d'Ilakaka à la fin des années 1990.

Madagascar possède l'une des plus grandes réserves mondiales d'ilménite, ainsi que d'importantes réserves de chromite, de charbon, de fer, de cobalt, de cuivre et de nickel.

Plusieurs projets majeurs sont en cours dans les secteurs des mines, du pétrole et du gaz qui devraient donner un coup de pouce significatif à l'économie malgache.

Il s'agit de projets tels que l'extraction de l'ilménite et du zircon à partir de sables minéraux lourds près de Tôlanaro par Rio Tinto, l'extraction de nickel près de Moramanga et son traitement près de Toamasina par Sherritt International et le développement des gisements géants Tsimiroro et Bemolanga par Madagascar Oil.

Les exportations ont constitué 28% du PIB en 2009. La plupart des recettes d'exportation du pays proviennent de l'industrie textile, du poisson et des mollusques, de la vanille, des clous de girofle et des autres denrées alimentaires.

La France est le principal partenaire commercial de Madagascar, bien que les États-Unis, le Japon et l'Allemagne aient également des liens économiques solides avec le pays.

Le programme Madagascar-U.S. Business Council a été créé en mai 2003, en collaboration avec l'USAID et des artisans malgaches pour soutenir l'exportation de l'artisanat local vers les marchés étrangers.

Les importations de produits tels que les denrées alimentaires, le carburant, les biens d'équipement, les véhicules, les biens de consommation et l'électronique consomment environ 52% du PIB.

Les principales sources d'importation de Madagascar sont la Chine, la France, l'Iran, Maurice et Hong Kong.

Infrastructure et médias

En 2010, Madagascar avait environ 7 617 km de routes pavées, 854 km de chemins de fer et 432 km de voies navigables.

La majorité des routes à Madagascar sont non pavées, avec beaucoup qui sont impraticables pendant la saison des pluies.

Les grandes routes pavées nationales relient les six plus grandes villes régionales à Antananarivo, avec de petites routes pavées et non pavées donnant accès à d'autres districts.

Il y a plusieurs lignes de chemin de fer.

Antananarivo est relié à Toamasina, Ambatondrazaka et Antsirabe par le rail, et une autre ligne de rail relie Fianarantsoa à Manakara.

Le port maritime le plus important de Madagascar est situé sur la côte est à Toamasina.

Les ports de Mahajanga et Antsiranana sont beaucoup moins utilisés en raison de leur éloignement.

Le nouveau port de l'île à Ehoala, construit en 2008 et géré par Rio Tinto, sera contrôlé par l'Etat à l'achèvement du projet minier de la compagnie près de Tôlanaro vers 2038.

Air Madagascar dessert les nombreux petits aéroports régionaux de l'île, qui offrent les seuls moyens pratiques d'accès à bon nombre des régions les plus éloignées pendant les déblais routiers de la saison des pluies.

L'eau courante et l'électricité sont fournies au niveau national par un fournisseur de services gouvernementaux qui est incapable de desservir toute la population.

En 2009, seulement 6,8% des fokontany de Madagascar avaient accès à l'eau, tandis que 9,5% avaient accès à ses services d'électricité.

56% de la puissance de Madagascar est fournie par des centrales hydroélectriques dont les 44% restants sont fournis par des générateurs de moteurs diesel.

Le téléphone mobile et l'accès à Internet sont très répandus dans les zones urbaines mais restent limités dans les régions rurales de l'île.

Environ 30% des districts sont en mesure d'accéder aux réseaux privés de télécommunications des nations par l'intermédiaire de téléphones mobiles ou de lignes terrestres.

Les émissions radiodiffusées restent le principal moyen par lequel la population malgache accède aux nouvelles internationales, nationales et locales.

Seules les émissions de radio d'Etat sont transmises sur toute l'île.

Des centaines de stations publiques et privées de portée locale ou régionale offrent des solutions de rechange à la radiodiffusion nationale.

En plus de la chaîne de télévision d'État, une variété de stations de télévision privées diffuse des émissions locales et internationales à travers Madagascar.

Plusieurs médias sont la propriété de partisans politiques ou d'hommes politiques, y compris les groupes de médias MBS (détenus par Ravalomanana) et Viva (appartenant à Rajoelina).

Historiquement, les médias ont subi divers degrés de pression au fil du temps pour censurer leurs critiques envers le gouvernement.

Les journalistes sont parfois menacés ou harcelés et les médias sont périodiquement contraints de fermer.

Les accusations de censure des médias ont augmenté depuis 2009 en raison de l'intensification alléguée des restrictions à la critique politique.

En 2011, l'accès à Internet a connu une croissance spectaculaire au cours de la dernière décennie, avec environ 352 000 résidents de Madagascar ayant accès à Internet depuis leur domicile ou dans l'un des nombreux cybercafés de la nation.

Santé

Des centres médicaux, des dispensaires et des hôpitaux se trouve dans toute l'île de Madagascar, bien qu'ils soient concentrés dans les zones urbaines et en particulier à Antananarivo.

L'accès aux soins médicaux reste encore limité.

Outre le coût élevé des soins médicaux par rapport au revenu moyen malgache, la prévalence des professionnels de la santé qualifiés demeure extrêmement faible.

En 2010, Madagascar avait en moyenne trois lits d'hôpital pour 10 000 personnes et un total de 3150 médecins, 5661 infirmières, 385 agents de santé communautaires, 175 pharmaciens et 57 dentistes pour une population de 22 millions d'habitants.

En 2008, 14,6% des dépenses gouvernementales ont été consacrées au secteur de la santé.

Environ 70% des dépenses en santé ont été versées par le gouvernement, tandis que 30%

proviennent de donateurs internationaux et d'autres sources privées.

Le gouvernement fournit au moins un centre de santé de base par commune. Les centres de santé privés sont concentrés dans les zones urbaines et en particulier dans les hautes terres centrales.

Malgré ces obstacles à l'accès, les services de santé ont montré une tendance à l'amélioration au cours des vingt dernières années.

La vaccination des enfants contre des maladies telles que l'hépatite B, la diphtérie et la rougeole a augmenté en moyenne de 60% au cours de cette période, ce qui indique une disponibilité faible mais croissante des services médicaux de base et des traitements.

Le taux de fécondité malgache en 2009 était de 4,6 enfants par femme.

Les taux de grossesse chez les adolescentes de 14,8% en 2011, bien supérieurs à la moyenne africaine et contribuent à la croissance rapide de la population.

En 2010, le taux de mortalité maternelle était de 440 pour 100 000 naissances, contre 373,1 en

2008 et 484,4 en 1990, ce qui indique une diminution des soins périnatals après le coup d'État de 2009.

Le taux de mortalité infantile en 2011 était de 41 pour 1 000 naissances, le taux de mortalité des enfants de moins de cinq ans étant de 61 pour 1000 naissances.

La schistosomiase, le paludisme et les maladies sexuellement transmissibles sont fréquents à Madagascar, bien que les taux d'infection du sida restent faibles par rapport à de nombreux pays d'Afrique continentale, avec seulement 0,2% de la population adulte.

Le taux de mortalité par paludisme est également parmi les plus bas en Afrique, soit 8,5 décès pour 100 000 habitants, en partie à cause de l'utilisation fréquente de moustiquaires imprégnées.

L'espérance de vie des adultes en 2009 était de 63 ans pour les hommes et de 67 ans pour les femmes.

Éducation

Avant le XIXe siècle, toute l'éducation à Madagascar était informelle et servait généralement à enseigner des compétences pratiques ainsi que des valeurs sociales et culturelles, y compris le respect des ancêtres et des aînés.

La première école formelle de style européen a été créée en 1818 à Toamasina par des membres de la London Missionary Society (LMS).

La LMS a été invité par le roi Radama I (1810-28) à étendre ses écoles à travers le royaume pour enseigner l'alphabétisation de base aux enfants aristocratiques.

Les écoles ont été fermées par Ranavalona I en 1835 mais ont rouvert et ont augmenté dans les décennies après sa mort.

A la fin du XIXe siècle, Madagascar possédait le système scolaire le plus développé et le plus moderne de l'Afrique subsaharienne précoloniale.

L'accès à la scolarité a été élargi dans les zones côtières pendant la période coloniale, la langue française et les compétences de base au programme.

Au cours de la Première République postcoloniale, une dépendance soutenue envers les ressortissants français et le français comme langue d'instruction, déplaisait ceux qui souhaitaient une séparation complète avec l'ancienne puissance coloniale.

En conséquence, sous la Deuxième République socialiste, des instructeurs français et d'autres ressortissants ont été expulsés, le malgache a été instauré comme principale langue d'enseignement et un grand nombre de jeunes malgaches ont été rapidement formés pour enseigner dans des écoles rurales éloignées dans le cadre de la politique obligatoire de deux ans.

Cette politique, connue sous le nom de malgachisation, a coïncidé avec un grave ralentissement économique et un déclin dramatique de la qualité de l'éducation.

Ceux qui ont été scolarisés au cours de cette période n'ont généralement pas maîtrisé la langue française ou beaucoup d'autres sujets et ont lutté pour trouver un emploi, obligeant beaucoup à prendre des emplois mal rémunérés dans le marché informel ou noir.

Excepté la brève présidence d'Albert Zafy, de 1992 à 1996, Ratsiraka est resté au pouvoir de 1975 à 2001 et n'a pas réussi à améliorer considérablement l'éducation tout au long de son mandat.

L'éducation a été privilégiée sous l'administration Ravalomanana (2002-2009), et est actuellement gratuite et obligatoire de 6 à 13 ans.

Le cycle de scolarisation primaire est de cinq ans, suivi de quatre ans au niveau secondaire inférieur et de trois ans au deuxième cycle du secondaire. Au cours du premier mandat de Ravalomanana, des milliers d'écoles primaires et de salles de classes supplémentaires ont été construites, des bâtiments anciens ont été rénovés et des dizaines de milliers de nouveaux enseignants ont été recrutés et formés.

Les frais de scolarité primaire ont été éliminés et des trousses contenant des fournitures scolaires de base ont été distribuées aux élèves du primaire.

Les initiatives gouvernementales de construction des écoles ont permis d'assurer au moins une école primaire par fokontany et une école secondaire inférieure au sein de chaque commune.

Au moins un lycée est situé dans chacun des grands centres urbains.

Les trois branches de l'université publique nationale sont situées à Antananarivo (fondée en 1961), Mahajanga (1977) et Fianarantsoa (1988).

Ceux-ci sont complétés par des écoles publiques de formation des enseignants et plusieurs universités privées et collèges techniques.

En raison de l'augmentation de l'accès à l'éducation, les taux de scolarisation ont plus que doublé entre 1996 et 2006.

Cependant, la qualité de l'éducation est faible, ce qui entraîne des taux élevés de redoublement et d'abandon scolaire.

La politique éducative du second mandat de Ravalomanana était portée sur les questions de qualité, notamment l'augmentation des normes d'éducation minimale pour le recrutement des enseignants du primaire et une réforme des programmes des enseignants.

Soutenir la transition entre l'enseignement didactique traditionnel et les méthodes d'enseignement centrées sur l'élève afin de stimuler l'apprentissage et la participation des élèves en classe.

En 2008, les dépenses publiques consacrées à l'éducation représentaient 13,4% des dépenses publiques et 2,9% du PIB.

Démographie

En 2012, la population de Madagascar était estimée à 22 millions. Le taux annuel de croissance démographique à Madagascar était d'environ 2,9% en 2009.

La population est passée de 2,2 millions en 1900 à environ 22 millions en 2012.

Environ 42,5% de la population a moins de 15 ans, tandis que 54,5% ont entre 15 et 64 ans.

Les personnes âgées de 65 ans et plus constituent 3% de la population totale.

Seuls deux recensements généraux, en 1975 et 1993, ont été effectués après l'indépendance.

Les régions les plus densément peuplées de l'île sont les hautes terres de l'est et la côte orientale, contrastant de façon spectaculaire avec les plaines occidentales peu peuplées.

Groupes ethniques

Le groupe ethnique malgache forme plus de 90% de la population de Madagascar et est typiquement divisé en dix-huit sous-groupes ethniques.

Des recherches récentes sur l'ADN ont révélé que la composition génétique malgache moyenne constitue un mélange de gènes de l'Asie du Sud-Est et de l'Afrique de l'Est, bien que la génétique de certaines communautés montre une prédominance des origines Arabes, indiennes ou européennes.

Les origines de l'Asie du Sud-Est, en particulier de la partie méridionale de Bornéo, sont les plus prédominantes parmi les Merina des hauts plateaux centraux, qui forment le plus grand sous-groupe ethnique malgache avec environ 26% de la population alors que certaines communautés parmi les peuples côtiers ont des origines en Afrique de l'Est.

Les sous-groupes ethniques côtiers les plus importants sont les Betsimisaraka (14,9%), les Tsimihety (6%) et les Sakalava (6%).

Les minorités chinoise, indienne et comorienne sont présentes à Madagascar, ainsi qu'une petite population européenne (essentiellement française).

L'émigration à la fin du XXe siècle a réduit ces populations minoritaires, comme l'exode des Comoriens en 1976, après les émeutes anti-comoriennes à Mahajanga.

En comparaison, il n'y a pas eu d'émigration significative des peuples malgaches.

Le nombre d'Européens a diminué depuis l'indépendance, passant de 68 430 en 1958 à 17 000 trois décennies plus tard.

On comptait environ 25 000 Comoriens, 18 000 Indiens et 9 000 Chinois vivant à Madagascar au milieu des années 1980.

L'île de Madagascar est majoritairement peuplée de personnes classées dans l'ensemble comme appartenant au groupe ethno-linguistique malgache.

Ce groupe est encore subdivisé un certain nombre de groupes ethniques, souvent dans la norme dix-huit.

De plus, des communautés d'Indiens et d'Arabes sont établies depuis longtemps sur l'île et se sont assimilées à des degrés divers dans des communautés locales, où des groupes ethniques «malgaches» ont depuis longtemps été identifiés et qui conservent des identités distinctes et une séparation culturelle.

Les arrivées les plus récentes incluent des Européens et des immigrants chinois.

Madagascar était probablement inhabité avant la colonisation austronésienne.

Les caractéristiques austronésiennes sont plus prédominantes sur les montagnes centrales, le Merina et le Betsileo; les 16 groupes tribaux restants sont des peuples côtiers qui sont majoritairement d'origine est-africaine, avec divers mélanges malais, arabes, européens et indiens.

Les principaux groupes côtiers sont les Betsimisaraka (1,5 million), les Tsimihety (700 000) et les Sakalava (700 000).

La société malgache a longtemps été divisée entre les habitants des plateaux centraux et les peuples de la côte.

Par exemple, dans les années 1970, il y avait une opposition très répandue entre les ethnies côtières par rapport à la politique de Malgachisation qui visait à éliminer l'usage de la langue française dans la vie publique en faveur de la langue malgache.

La politique d'identité a également été au cœur de la brève crise civile de 2002.

Les Indiens de Madagascar descendent principalement des commerçants, sont arrivés dans la nation nouvellement indépendante à la recherche de meilleures opportunités.

La majorité d'entre eux venaient de la côte occidentale de l'Inde connue sous le nom de Karana (musulmane) et Banian (hindou).

La majorité parle hindi ou gujarati, bien que quelques autres dialectes indiens soient également parlés.

De nos jours, les jeunes générations parlent au moins trois langues, dont le français, le gujarati et le malgache.

Un grand nombre d'Indiens à Madagascar ont un niveau élevé d'éducation, particulièrement la jeune génération.

Un grand nombre d'Européens résident aussi à Madagascar, principalement de descendance française.

Liste des groupes ethniques

26% Merina

15% Betsimisaraka

12% Betsileo

7% Tsimihety

6% Sakalava

5% Antaisaka

5% Antandroy

24% autres

Langues

La langue malgache est d'origine malayo-polynésienne et est généralement parlée dans toute l'île.

Les nombreux dialectes malgaches, qui sont généralement mutuellement intelligibles, peuvent être regroupés sous l'un des deux sous-groupes: l'Est malgache, parlé le long des forêts orientales et des hautes terres, y compris le dialecte Merina d'Antananarivo et le Malgache occidental, des plaines côtières.

Le français est devenu la langue officielle pendant la période coloniale, quand Madagascar est passé sous l'autorité de la France.

Dans la première Constitution nationale de 1958, le malgache et le français furent nommés les langues officielles de la République malgache.

Madagascar est un pays francophone et le français est surtout parlée comme langue seconde parmi la population instruite et utilisée pour la communication internationale.

Aucune des langues officielles n'a été inscrite dans la Constitution de 1992, bien que la langue nationale soit la langue malgache.

Néanmoins, de nombreuses sources prétendaient toujours que le malgache et le français étaient des langues officielles, ce qui a finalement conduit un citoyen à engager une action en justice contre l'Etat en avril 2000, au motif que la publication de documents officiels en langue française était inconstitutionnelle.

La Haute Cour constitutionnelle a observé dans sa décision qu'en l'absence d'une loi linguistique, le français avait encore le caractère d'une langue officielle.

Dans la Constitution de 2007, le malgache est resté la langue nationale pendant que les langues officielles ont été réintroduites: le malgache, le français et l'anglais.

L'anglais a été retiré comme langue officielle de la constitution approuvée par les électeurs lors du référendum de novembre 2010.

Les résultats du référendum et ses conséquences pour la politique officielle et la politique linguistique nationale ne sont pas reconnus par l'opposition politique qui cite le manque de transparence.

Religion

Environ la moitié de la population du pays pratique les religions traditionnelles, qui tend à souligner les liens entre les vivants et les razana (ancêtres).

La vénération des ancêtres a conduit à la tradition répandue de la construction des tombes, ainsi que la pratique des hauts plateaux de la famadihana, où les restes d'un membre de la famille décédée peuvent être exhumés pour être transportés en procession avec des musiciens puis rincés et remballés avant d'être remplacés dans la tombe.

Le famadihana est l'occasion de célébrer la mémoire de l'ancêtre bien-aimé, de se réunir avec la famille et la communauté, et de profiter d'une atmosphère festive.

Les résidents des villages environnants sont souvent invités à assister à la fête, où la nourriture et les boissons sont généralement servis.

La considération pour les ancêtres est également démontrée par l'adhésion à la fady, les tabous qui sont respectés pendant et après la vie de la personne qui les établit.

On croit généralement qu'en montrant le respect des ancêtres de cette façon, ils peuvent intervenir au nom des vivants.

Les malheurs sont souvent attribués à des ancêtres dont la mémoire ou les souhaits ont été négligés.

Le sacrifice du zébu est une méthode traditionnelle utilisée pour apaiser ou honorer les ancêtres.

De plus, les Malgaches croient traditionnellement à un dieu créateur, appelé Zanahary ou Andriamanitra.

Près de la moitié des Malgaches sont chrétiens, avec des protestants légèrement plus nombreux que les adhérents au catholicisme romain.

En 1818, la London Missionary Society (Société missionnaire de Londres) envoya les premiers missionnaires chrétiens sur l'île, où ils construisirent des églises, traduisirent la Bible en langue malgache et commencèrent à gagner des convertis.

En 1869, la reine Ranavalona II a converti la cour au christianisme et a encouragé les activités des missionnaires chrétiens, en brûlant les sampy (idoles royales) lors d'une rupture symbolique avec les croyances traditionnelles.

Aujourd'hui, beaucoup de chrétiens intègrent leurs croyances religieuses à celles traditionnellement liées à l'honneur des ancêtres.

Par exemple, ils peuvent bénir leurs morts à l'église avant de procéder à des rites funéraires traditionnels ou d'inviter un ministre chrétien à consacrer une famadihana reburial.

Le Conseil malgache des Églises comprend les quatre plus anciennes et plus importantes dénominations chrétiennes de Madagascar (catholique romain, Église de Jésus-Christ à Madagascar, luthérienne et anglicane) et a été une force influente dans la politique malgache.

L'islam est également pratiqué sur l'île. L'islam a été introduit pour la première fois dans l'île au Moyen-âge par des commerçants musulmans arabes et somaliens, qui ont établi plusieurs écoles islamiques le long de la côte orientale.

Alors que l'utilisation de l'écriture arabe et l'adoption de l'astrologie islamique se propage à travers l'île, la religion islamique n'a pas réussi à prendre en main dans toutes les communautés, sauf une poignée de sud-est.

Aujourd'hui, les musulmans constituent 7% de la population de Madagascar et sont largement concentrés dans les provinces du nord-ouest de Mahajanga et Antsiranana.

La grande majorité des musulmans sont sunnites.

Les musulmans sont partagés entre ceux d'origine malgache, les Indiens, les Pakistanais et les Comoriens.

Plus récemment, l'hindouisme a été introduit à Madagascar et la plupart des hindous de Madagascar parlent le gujarati ou l'hindi à la maison.

Culture

Chacun des nombreux sous-groupes ethniques de Madagascar adhère à leur propre ensemble de croyances, de pratiques et de modes de vie qui ont historiquement contribué à leur identité unique.

Cependant, il existe un certain nombre de caractéristiques culturelles essentielles qui sont communes dans toute l'île, créant ainsi une identité culturelle malgache fortement unifiée.

En plus d'un langage commun et des croyances religieuses traditionnelles partagées autour d'un dieu créateur et de la vénération des ancêtres, la vision traditionnelle du monde malgache est façonnée par des valeurs qui mettent l'accent sur le fihavanana (solidarité), vintana (destin), tody (karma) et hasina (la force de vie sacrée).

D'autres éléments culturels communément trouvés dans toute l'île incluent la pratique de la circoncision masculine; liens de parenté forts ; une croyance répandue dans le pouvoir de la magie ; l'astrologie et les sorciers ; et une division traditionnelle des classes sociales nobles et esclaves.

Bien que les castes sociales ne soient plus légalement reconnues, l'affiliation ancestrale de castes continue souvent à affecter le statut social, les opportunités économiques et les rôles au sein de la communauté.

Les Malgaches consultent traditionnellement Mpanandro (chance du jour) pour identifier des événements importants tels que les mariages ou le famadihana, selon un système astrologique traditionnel introduit par les Arabes.

De même, les nobles de nombreuses communautés malgaches au cours de la période pré-coloniale emploieraient souvent des conseillers connus sous le nom d'ombiasy (homme sage) chez les groupes ethniques Antemoro du sud-est.

Les origines diverses de la culture malgache sont évidentes dans ses expressions tangibles.

L'instrument le plus emblématique de Madagascar, la valiha, est une cithare en tube de bambou transportée à Madagascar par les premiers colons du sud de Bornéo, et est très semblable en forme à ceux trouvés en Indonésie et aux Philippines aujourd'hui.

Les maisons traditionnelles à Madagascar sont également semblables à celles du sud de Bornéo en termes de symbolisme et de construction, avec une disposition rectangulaire, un toit en pente et un pilier de support central.

Reflétant une vénération répandue des ancêtres, les tombeaux sont culturellement significatifs dans de nombreuses régions et ont tendance à être construits à partir de matériaux plus durables, typiquement de pierre, et d'afficher une décoration plus élaborée que les maisons des vivants.

La production et le tissage de la soie remontent aux premiers colons de l'île, et la robe nationale de Madagascar, la lamba tissée, est devenue un art varié et raffiné.

L'influence culturelle du Sud-Est asiatique est également évidente dans la cuisine malgache, dans laquelle le riz est consommé à chaque repas, accompagné typiquement par l'un d'une variété de légumes savoureux ou de plats de viande.

L'influence africaine se reflète dans l'importance sacrée des bovins zébu et des traditions originaires du continent africain.

Le broutage du bétail, à l'origine un rite de passage pour les jeunes hommes dans les plaines de Madagascar où sont gardés les plus grands troupeaux de bovins, est devenu une entreprise criminelle dangereuse et parfois mortelle.

Une grande variété de publications orales et écrites s'est développée à Madagascar.

L'une des principales traditions artistiques de l'île est son oratoire, exprimé dans les formes de hainteny (poésie), de kabary (discours public) et d'ohabolana (proverbes).

Un poème épique illustrant ces traditions, l'Ibonia, a été transmis au cours des siècles sous différentes formes à travers l'île et offre un aperçu des diverses mythologies et croyances des communautés malgaches traditionnelles.

Cette tradition s'est poursuivie au XXe siècle par des écrivains tels que Jean-Joseph Rabearivelo, considéré comme le premier poète moderne d'Afrique.

Madagascar a également développé un riche héritage musical, incarné par des douzaines de genres musicaux régionaux tels que la salegy et l'hiragasy.

En outre, Madagascar a également une culture croissante de musique classique encouragée par les académies de jeunesse, les organisations et les orchestres qui encouragent l'implication des jeunes dans la musique classique.

Les arts plastiques sont également répandus dans toute l'île. En plus de la tradition du tissage de la soie et de la production de lamba, le tissage du raphia et d'autres matériaux végétaux locaux ont été utilisé pour créer un large éventail d'articles pratiques tels que les tapis, les paniers et les chapeaux.

La sculpture sur bois est une forme d'art très développée, avec des styles régionaux distincts évidents dans la décoration des balustrades de balcon et d'autres éléments architecturaux.

Les sculpteurs créent une variété de meubles et d'articles ménagers, des poteaux funéraires d'aloalo et des sculptures en bois, dont beaucoup sont produites pour le marché touristique.

Les traditions décoratives et fonctionnelles du bois des hautes terres centrales ont été inscrites sur la liste du patrimoine culturel de l'UNESCO en 2008.

Parmi les Antaimoro, la production de papier emboîté avec des fleurs et d'autres matériaux décoratifs naturels est une tradition établie depuis longtemps que la communauté a commencé à commercialiser pour les éco-touristes.

Les travaux de broderie et de fils tirés sont effectués à la main pour produire des vêtements, ainsi que des nappes et d'autres textiles de maison.

Un nombre restreint mais croissant de galeries d'art à Antananarivo et plusieurs autres zones urbaines offrent des peintures d'artistes locaux et des événements artistiques annuels, tels que l'exposition Hosotra dans la capitale qui contribuent au développement continu des beaux-arts dans Madagascar.

Sport et loisirs

Un certain nombre de passe-temps traditionnels ont émergé à Madagascar.

Moraingy, un type de combat main-à-main, est un sport populaire spectateur dans les régions côtières.

Il est traditionnellement pratiqué par les hommes, mais les femmes ont récemment commencé à participer ce sport.

La lutte du bétail zébu, nommée savika ou tolonomby, est également pratiquée dans de nombreuses régions.

En plus des sports, une grande variété de jeux sont organisés.

Fanorona est un jeu répandu dans les hautes régions. Selon la légende populaire, la succession du roi Andrianjaka était en partie due à fanorona.

Les activités récréatives occidentales ont été introduites à Madagascar au cours des deux derniers siècles.

Le Rugby est considéré comme le sport national de Madagascar.

Le football est également populaire. Madagascar a produit un champion du monde de pétanque.

Les programmes d'athlétisme scolaire comprennent généralement le football, l'athlétisme, le judo, la boxe, le basket-ball féminin et le tennis féminin.

Madagascar a envoyé ses premiers concurrents aux Jeux Olympiques en 1964 et a également participé aux Jeux Africains.

Le Scoutisme est représenté à Madagascar par sa propre fédération locale de trois clubs de scoutisme.

Le nombre de membres en 2011 a été estimé à 14 905.

En raison de ses installations sportives avancées, Antananarivo a gagné les droits d'accueil pour plusieurs des principaux événements internationaux de basket-ball en Afrique, y compris le Championnat d'Afrique pour les hommes et femmes.

Cuisine malgache

La cuisine malgache englobe les nombreuses traditions culinaires de l'île de Madagascar.

Les aliments consommés à Madagascar reflètent l'influence des migrants d'Asie du Sud-Est, d'Afrique, d'Inde, de Chine et d'Europe qui se sont établis sur l'île depuis qu'il a été peuplé.

Le riz, la pierre angulaire du régime malgache, a été cultivé aux côtés des tubercules et d'autres aliments de l'Asie du Sud-Est.

Leur alimentation a été complétée par la chasse au gibier. Ces sources de nourriture ont ensuite été complétées par du boeuf sous forme de zébu introduit à Madagascar par les bantous.

Le commerce avec les marchands arabes et indiens et les commerçants transatlantiques européens a encore enrichi les traditions culinaires de l'île en introduisant une richesse de nouveaux fruits, légumes et assaisonnements.

Dans presque toute l'île, la cuisine contemporaine de Madagascar se compose généralement d'une base de riz accompagnée d'un accompagnement; dans le dialecte officiel de la langue malgache, le riz est appelé Vari et l'accompagnement, laoka.

Les variétés de laoka peuvent être végétariennes ou inclure des protéines animales, et comportent généralement une sauce aromatisée avec des ingrédients tels que le gingembre, l'oignon, l'ail, la tomate, la vanille, le sel, le curry en poudre ou, moins communément, d'autres épices ou herbes.

Dans les régions arides du sud et de l'ouest, les familles pastorales peuvent remplacer le riz par du maïs, du manioc ou du lait caillé fait de lait de zébu fermenté.

Une grande variété de beignets sucrés et salés sont disponibles à travers l'île, ainsi que divers fruits tropicaux.

Les boissons produites localement comprennent les jus de fruits, le café, les tisanes et les thés, et les boissons alcoolisées telles que le vin et la bière.

La gamme de plats mangés à Madagascar au XXIe siècle offre un aperçu de l'histoire unique de l'île et la diversité des peuples qui l'habitent aujourd'hui.

La complexité des repas malgaches peut aller des préparations simples et traditionnelles introduites par les premiers colons aux plats raffinés préparés pour les monarques du XIXe siècle.

Bien que le repas malgache classique du riz et son accompagnement reste prédominant, au cours des 100 dernières années, d'autres types de nourriture et de combinaisons ont été popularisés par les colons français et les immigrants de Chine et d'Inde.

Par conséquent, la cuisine malgache est traditionnelle influencée par les culturelles émergentes.

On croit que les austronésiens ont été les premiers humains à s'installer sur l'île.

Dans leurs pirogues, ils transportaient des aliments comme le riz, les bananes plantain, le taro et l'igname.

La canne à sucre, le gingembre, les patates douces, les porcs et les poulets ont également été amenés à Madagascar par ces premiers colons, avec la noix de coco et la banane.

La première colonie humaine a émergé le long de la côte sud-est de l'île. À leur arrivée, les premiers colons pratiquaient l'agriculture tavy pour défricher les forêts tropicales vierges. Ils ont également recueilli du miel, des fruits, des œufs d'oiseaux et de crocodiles, des champignons, des graines, des racines et des boissons alcoolisées.

Le gibier était régulièrement chassé et piégé dans les forêts, y compris les grenouilles, les serpents, les lézards, les hérissons, les tortues, les sangliers, les insectes, les larves et les oiseaux.

Les premiers colons ont rencontré la richesse de la mégafaune de Madagascar, y compris l'oiseaux-éléphants et l'hippopotame malgache.

Les premières communautés malgaches ont peut-être mangé les œufs de l'oiseaux-éléphant, le plus grand oiseau du monde, qui est restée répandue dans tout Madagascar au XVIIe siècle.

Bien que plusieurs théories aient été proposées pour expliquer le déclin et l'extinction éventuelle de la mégafaune malgache, des preuves claires suggèrent que la chasse par les humains et la destruction des habitats par les pratiques agricoles de brûlage sont les facteurs clés.

Bien qu'il soit illégal de chasser ou de commercialiser les autres espèces de lémuriens depuis 1964, ces animaux menacés continuent d'être chassés pour être consommés immédiatement dans les zones rurales ou pour répondre à la demande de viande de brousse dans certains restaurants urbains.

Au XVIe siècle, des royaumes centralisés avaient émergé sur la côte ouest.

Les souverains Merina célébraient la fête de nouvel an avec une ancienne cérémonie Merina appelée le bain royal (fandroana).

Pendant cette cérémonie, le bœuf appelé jaka se prépare en plaçant la viande dans un pot décoratif en argile, puis en le conservant dans une fosse souterraine pendant un an.

Le jaka serait partagé avec des amis au festival de l'année suivante.

Comme dessert, les fêtards mangent du riz bouilli dans du lait et arrosé de miel, une préparation connue sous le nom de tatao.

Selon l'histoire orale, le roi Ralambo a été l'initiateur de ces traditions culinaires Merina.

Le père de Ralambo, le roi Andriamanelo, est reconnu pour avoir introduit la tradition du vodiondry ou croupe des moutons, où la viande est offerte par le marié aux parents de la Mariée lors d'une cérémonie officielle.

Dans la société malgache contemporaine, cette tradition persiste, mais les familles préfèrent offrir d'autres objets symboliques à la place de la nourriture.

L'avènement de la traite négrière transatlantique a augmenté le commerce maritime dans les ports malgaches, y compris les produits alimentaires.

Les navires de commerce ont apporté les cultures des Amériques comme la patate douce, la tomate, le maïs, les arachides, le tabac et les haricots.

Le manioc est arrivé après 1735 d'une colonie française à la Réunion.

Ces produits ont d'abord été cultivés dans les zones côtières les plus proches de leurs ports d'arrivée, mais bientôt propagé dans toute l'île.

De même, l'ananas, les citrons et les oranges ont été introduits dans les ports côtiers malgaches.

La culture locale a commencé peu après.

Le cactus ou raketa s'est répandue dans la partie sud de l'île, où elle est devenue une culture alimentaire fondamentale pour les pasteurs de Mahafaly.

L'introduction de cette plante a permis aux pasteurs du sud de devenir des éleveurs plus sédentaires et efficaces, augmentant ainsi la densité de population et le nombre de bétail dans la région.

Le XVIIIe siècle, dans les hautes terres centrales, se caractérisait par une densité de population croissante et des famines conséquentes, aggravées par la guerre entre les principautés Merina.

Au tournant du XIXe siècle, le roi Andrianampoinimerina (1787-1810) réussit à réunir sous son règne ces groupes de Merina, puis employa des esclaves pour les travaux forcés, imposés au lieu d'impôts, surtout pour ceux qui n'avaient pas les moyens d'offrir des paiements matériels.

De cette façon, il a assuré des excédents réguliers de céréales qui étaient suffisants pour nourrir de façon cohérente la population entière et exporter des produits pour le commerce avec d'autres régions de l'île.

Des marchés ont été établis dans toute l'île pour servir de point de commerce central pour des denrées désignées telles que les fruits de mer et les viandes fumées et séchées, le maïs séché, le sel, le manioc séché et divers fruits.

À cette époque, la cuisine côtière avait également évolué. Le fils d'Andrianampoinimerina, Radama I, parvint à réunir presque toute l'île sous son règne, et établit le Royaume de Madagascar.

Une ligne de monarques Merina continuera à gouverner l'île jusqu'à sa colonisation par les Français en 1896.

Sous le Royaume de Madagascar, des plantations ont été mises en place pour la production de cultures exportées vers des marchés étrangers comme l'Angleterre et la France.

Les clous de girofle ont été importés et plantés en 1803, et les noix de coco, qui avaient été relativement clairsemées sur l'île, ont été cultivées sur des plantations pour la production d'huile.

De même, le café avait été cultivé sur des parcelles familiales de quatre à cinq arbres jusqu'au début du XIXe siècle.

La vanille, qui deviendra plus tard l'une des premières cultures d'exportation de Madagascar, a été introduite par les entrepreneurs français en 1840 et plantée dans les forêts tropicales côtières de l'est.

Pendant les fêtes royales de Merina, le hanim-pito loha, les plats les plus désirables du royaume figuraient au menu: le vojobobro, l'arachide Bambara, l'amalone, l'anguille, le vorivorinkena, le ravitoto, les feuilles de manioc râpées et le vorontsiloza, chacun cuit avec du porc et habituellement le gingembre, l'ail, l'oignon et la tomate.

La colonisation de Madagascar par les Français signifie la fin de la monarchie malgache et ses fêtes élaborées, mais les traditions de cette cuisine élégante ont été conservés.

Ils sont également servis dans beaucoup de restaurants à travers l'île.

Le régime colonial français a commencé en 1896 et a introduit un certain nombre d'innovations aux cuisines locales.

Certains nouveaux noms alimentaires dérivés de la langue française alors la langue dominante de l'État, se sont répandus.

Les baguettes furent popularisées parmi les citadins cosmopolites, tout comme une variété de pâtisseries et de desserts français comme les crèmes, les croissants et le chocolat.

Les Français ont également introduit le foie gras et popularisé une salade froide de macaroni mélangée avec des légumes blanchis basés sur la macédoine de légumes française.

Les Français ont mis en place des plantations pour la culture d'une variété de produits, y compris de nouveaux fruits, des légumes et du bétail étrangers.

Le thé, le café, la vanille, l'huile de coco et les épices sont devenus des exportations couronnées de succès.

La noix de coco est devenue un ingrédient régulier dans la cuisine côtière, et la vanille a commencé à être employée dans les sauces pour la volaille et les plats de mer.

Dans les années 1880, une communauté d'environ 200 commerçants indiens avait été établie à Mahajanga, un port de la côte nord-ouest de Madagascar, près de la baie de Bembatoka, à l'embouchure de la rivière Betsiboka.

Ces premières communautés indiennes ont popularisé le curry et le biryanis dans toute la région.

Khimo en particulier, un plat basé sur le keema indien, est devenu une spécialité de Mahajanga.

Les samosas indiens (sambos) sont rapidement devenus une nourriture de rue populaire dans la plupart des régions de Madagascar, où ils sont également connus sous le nom tsaky telozoro.

Alors que les innovations françaises enrichissaient la cuisine à bien des égards, toutes les innovations n'étaient pas favorables.

Depuis l'introduction française du cactus au XVIIIe siècle, le mode de vie des éleveurs du sud dépendait de plus en plus de la plante pour assurer la nourriture et l'eau de leurs zébus.

Cependant, en 1925, un colon français désireux d'éradiquer le cactus sur sa propriété dans la ville du sud-ouest de Toliara a introduit la cochenille, un insecte connu pour être un parasite de la plante.

En cinq ans, presque tous les cactus à épines du sud de Madagascar avaient été complètement détruis, provoquant une famine massive de 1930-1931.

Bien que ces groupes ethniques aient depuis adapté de diverses manières, la période de famine est communément observée comme l'arrivée des étrangers sur leur terre.

Cuisine contemporaine

Depuis que Madagascar a obtenu son indépendance de la domination coloniale française en 1960, la cuisine malgache a reflété les diverses cultures et influences historiques de l'île.

Dans tout le pays, le riz est considéré comme la nourriture prééminente et constitue le principal aliment de base de l'alimentation dans toutes les régions, sauf les plus arides, du sud et de l'ouest.

Les accompagnements varient selon la région, la disponibilité des ingrédients et les normes culturelles locales.

Des repas à base de riz peuvent également être achetés chez les vendeurs ambulants.

Les restaurants haut de gamme proposent une plus grande variété de cuisine étrangère et des plats malgaches portant des influences françaises et d'autres influences extérieures.

Le riz est l'aliment de base du régime malgache et est généralement consommé à chaque repas.

Le riz peut être préparé avec des quantités variables d'eau pour produire un riz sec ou préparé avec de l'eau supplémentaire pour produire une bouillie de riz.

Accompagnement (laoka)

L'accompagnement servi avec du riz est appelé laoka dans le dialecte des montagnes, la version officielle de la langue malgache.

Le laoka est le plus souvent servi comme une sorte de sauce: dans les hautes terres, cette sauce est généralement faite à base de tomate, tandis que dans les régions côtières le lait de coco est souvent ajouté pendant la cuisson.

Dans les régions arides du sud et de l'ouest où l'élevage du zébu est traditionnel, le lait zébu frais ou caillé est souvent incorporé dans les plats de légumes.

Le laoka est diversifié et peut inclure des ingrédients tels que les arachides, le porc, le bœuf ou le poisson et beaucoup plus.

Une variété de légumes locaux tels que l'anamamy, l'anamafaitra et en particulier l'anamalao, est couramment consommée aux côtés de l'anandrano et des anatsongas.

Dans les régions arides du sud et de l'ouest, comme chez les Bara ou les Tandroy, les agrafes utilisent la patate douce, l'igname, la racine de taro et surtout le manioc, le mil et le maïs, généralement bouillis dans l'eau et parfois servis dans du lait aromatisé avec des arachides écrasées.

L'ail, les oignons, le gingembre, les tomates, le curry et le sel sont les ingrédients les plus utilisés pour aromatiser les plats.

Une variété de condiments sont servis sur le côté et mélangés dans le riz ou les laoka selon le goût de chaque individu.

Le condiment le plus courant, le sakay, est épicé à base de piment rouge ou vert.

Les condiments de style indien, faits de mangue, de citron et d'autres fruits (connus sous le nom de achards ou lasary) sont une spécialité côtière; dans les hautes terres, le lasary se réfère souvent à une salade de haricots verts, de choux, de carottes et d'oignon dans une sauce de vinaigrette.

Aliments de rue

Une variété de gâteaux et de beignets collectivement connus sous le nom de mofo (pain) sont disponibles à partir de kiosques dans les villes à travers Madagascar.

Le plus commun est le mofo gazy, ce qui signifie «pain malgache», qui est fait à partir d'une pâte de farine de riz sucrée versée dans des moules circulaires graissés et cuits au-dessus du charbon de bois.

Le Mofo gazy est un aliment populaire de petit déjeuner et est souvent mangé avec le café, également vendu aux kiosques.

Dans les zones côtières ce mofo est fait avec du lait de coco et est connu sous le nom de mokary.

Parmi les autres mofo doux, on retrouve un beignet appelé menakely et une boule de pâtes frites appelée mofo baolina, ainsi qu'une variété de beignets de fruits, avec des ananas.

Dans les marchés et les stations-service, on peut trouver des vendeurs de koba akondro, fait en enveloppant une pâte de cacahouètes, la purée de bananes, le miel et la farine de maïs.

Dans les zones rurales, le manioc ou les patates douces cuites à la vapeur sont consommés, parfois avec du lait condensé frais ou sucré.

Desserts

Traditionnellement, les fruits frais peuvent être consommés après un repas en dessert.

La canne à sucre fraîche peut également être mâchée. Une grande variété de fruits tropicaux et tempérés sont cultivés localement et peuvent être appréciés frais ou sucrés.

Les fruits trouvés à Madagascar ne sont pas limités aux pommes, aux citrons, aux citrouilles, à la pastèque, aux oranges, aux cerises et aux fraises.

Les nombreux fruits tropicaux généralement consommés à Madagascar sont la noix de coco, la mangue, l'ananas, l'avocat et les goyaves.

Madagascar est connu pour son cacao de haute qualité et la vanille, dont une grande partie est exportée.

Koban-dravina ou koba est une spécialité malgache fabriquée en broyant ensemble de l'arachide et du sucre brun, puis en enveloppant le mélange dans une pâte de farine de riz sucrée pour produire un faisceau cylindrique.

Le paquet est enveloppé dans des feuilles de bananier et bouilli pendant 24 à 48 heures ou plus jusqu'à ce que le sucre devienne caramélisé.

Le gâteau obtenu est servi en tranches minces.

Bonbon coco est un bonbon populaire fabriqué à partir de noix de coco râpée cuit avec du sucre caramélisé et formé en boules.

Les pâtisseries et les gâteaux français sont très populaires à travers l'île et peuvent être achetés dans toutes les villes à travers Madagascar.

Boissons

Le Ranon'ampango et le ranovola, sont les boissons traditionnelles de Madagascar.

En outre, une variété d'autres boissons sont produites localement.

Le café est cultivé dans la partie orientale de l'île et est devenu une boisson de petit déjeuner standard, servi noir ou avec du lait sucré.

Le thé noir, parfois aromatisé à la vanille et les tisanes, en particulier la citronnelle et le citronnier sont populaires.

Les jus de fruits sont faits de goyave, d'ananas, et des autres fruits sont aussi populaires.

Cependant, le lait frais est un luxe, et les yaourts, les crèmes glacées ou le lait sucré mélangé avec de l'eau chaude sont les sources de calcium les plus courantes.

Des boissons gazeuses de cola et d'orange sont produites localement. Les produits Coca-Cola sont populaires et largement consommés dans toute l'île.

De nombreuses boissons alcoolisées sont produites pour la consommation locale et les exportations limitées.

Géographie

Avec ses 592 800 kilomètres carrés, Madagascar est le 46e plus grand pays du monde et la quatrième plus grande île sur la terre.

Le pays se situe principalement entre les latitudes 12 ° S et 26 ° S, et les longitudes 43 ° E et 51 ° E.

Les îles voisines comprennent le territoire français de la Réunion et le pays de Maurice à l'est, ainsi que l'État des Comores et le territoire français de Mayotte au nord-ouest.

L'État du continent le plus proche est le Mozambique, situé à l'ouest.

La dissolution préhistorique du supercontinent Gondwana a séparé la masse continentale Madagascar-Antarctique-Inde de la masse continentale Afrique-Amérique du Sud il y a environ 135 millions d'années.

Madagascar s'est ensuite séparé de l'Inde il y a environ 88 millions d'années, permettant aux plantes et aux animaux de l'île d'évoluer dans l'isolement.

Le long de la côte orientale s'étend un escarpement étroit et escarpé qui recèle une grande partie de la forêt tropicale de basse altitude sur l'île.

À l'ouest de cette crête se trouve un plateau au centre de l'île s'étendant dans l'altitude de 750 à 1.500 m au-dessus du niveau de la mer.

Les hauts plateaux centraux, traditionnellement la patrie du peuple Merina et l'emplacement de leur capitale historique Antananarivo, sont les parties les plus densément peuplée de l'île et se caractérisent par des vallées en terrasses.

À l'ouest des hauts plateaux, le terrain de plus en plus aride descend graduellement vers le canal du Mozambique et les mangroves le long de la côte.

Les sommets les plus élevés de Madagascar se situent au-dessus de trois massifs montagneux importants: Maromokotro 2 876 m dans le massif de Tsaratanana est le point culminant de l'île, suivi de Boby 2 658 m dans le massif Andringitra et de Tsiafajavona 2 643 m dans le massif d'Ankaratra.

À l'est, le Canal des Pangalanes est une chaîne de lacs artificiels et naturels reliés par des canaux construits par les Français juste à l'intérieur des terres de la côte est et s'étendant parallèlement sur environ 600 km.

Les côtés ouest et sud, qui se trouvent dans l'ombre de pluie des hautes terres centrales, abritent des forêts décidues sèches, des forêts épineuses, des déserts et des arbustes xériques.

En raison de leur faible densité de population, les forêts feuillues sèches de Madagascar ont été mieux préservées que les forêts tropicales de l'est ou les forêts d'origine du plateau central.

La côte occidentale comporte de nombreux ports protégés, mais l'ensablement est un problème majeur causé par les sédiments des niveaux élevés d'érosion des rivières qui traversent les vastes plaines occidentales.

Climat

La combinaison des alizés du sud-est et des moussons du nord-ouest produit une saison des pluies (novembre-avril) avec des cyclones souvent destructeurs, et une saison sèche relativement froide (mai-octobre).

Les nuages de pluie provenant de l'océan Indien déversent une grande partie de leur humidité sur la côte est de l'île; les fortes précipitations soutiennent l'écosystème de la forêt tropicale de la région.

Les hautes terres centrales sont à la fois plus sèches et plus froides tandis que l'ouest est encore plus sec, et un climat semi-aride règne dans le sud-ouest et le sud de l'île.

Les cyclones tropicaux causent annuellement des dommages aux infrastructures et aux économies locales, ainsi que des pertes en vies humaines.

En 2004, le cyclone Gafilo est devenu le plus fort cyclone jamais enregistré. La tempête a tué 172 personnes, laissé 214 260 sans-abri et causé plus de 250 millions de dollars de dommages.

Écologie

En raison de l'isolement de l'île, Madagascar possède en abondance des animaux trouvés nulle part ailleurs sur Terre.

Environ 90% de toutes les espèces végétales et animales trouvées à Madagascar sont endémiques, y compris les lémuriens et de nombreux oiseaux.

Cette écologie distincte a conduit certains écologistes à qualifier Madagascar de «huitième continent».

Plus de 80% des 14 883 espèces de Madagascar sont trouvées nulle part ailleurs dans le monde, y compris cinq familles de plantes.

L'île abrite environ 170 espèces de palmier, trois fois plus que sur toute l'Afrique continentale.

Beaucoup d'espèces de plantes indigènes sont utilisées comme remèdes. Les médicaments vinblastine et vincristine, utilisés pour traiter la maladie de Hodgkin, la leucémie et d'autres cancers, ont été dérivés de la pervenche de Madagascar.

L'arbre du voyageur, connue localement sous le nom de ravinala figure dans l'emblème national ainsi que dans le logo Air Madagascar.

Comme sa flore, la faune de Madagascar est diverse et exhibe un taux élevé d'endémismes.

En l'absence de singes et d'autres concurrents, les lémurs se sont adaptés à un large éventail d'habitats et se sont diversifiés en de nombreuses espèces.

À partir de 2012, il y avait officiellement 103 espèces et sous-espèces de lémur dont 39 ont été décrits par les zoologistes entre 2000 et 2008.

Ils sont presque tous classés comme rares, vulnérables ou en voie de disparition.

Au moins 17 espèces de lémuriens ont disparu depuis que les humains sont arrivés à Madagascar.

Un certain nombre d'autres mammifères, y compris le fossa ou cryptoprocte féroce, sont endémiques à Madagascar.

Plus de 300 espèces d'oiseaux ont été enregistrées sur l'île, dont plus de 60% (dont quatre familles et 42 genres) sont endémiques.

Les quelques familles et genres de reptiles qui ont atteint Madagascar se sont diversifiés en plus de 260 espèces, dont plus de 90% sont endémiques.

L'île abrite les deux tiers des espèces de caméléons du monde.

Les poissons endémiques de Madagascar comprennent deux familles, 15 genres et plus de 100 espèces, habitant principalement les lacs et rivières d'eau douce de l'île.

Bien que les invertébrés restent peu étudiés à Madagascar, les chercheurs ont trouvé des taux élevés parmi les espèces connues.

Les 651 espèces d'escargots terrestres sont endémiques, de même que la majorité des papillons de l'île, des scarabées, des lacets, des araignées et des libellules.

Problèmes environnementaux

La faune et la flore variées de Madagascar sont menacées par l'activité humaine.

Depuis l'arrivée des humains il y a environ 2350 ans, Madagascar a perdu plus de 90% de sa forêt d'origine.

Cette perte de forêt est en grande partie alimentée par le tavy (graisse), une pratique traditionnelle de brûlage importée à Madagascar par les premiers colons.

Les agriculteurs malgaches embrassent et perpétuent la pratique non seulement pour ses avantages en tant que technique agricole, mais pour ses associations culturelles avec la prospérité, la santé et la coutume ancestrale vénérée (fomba malgache).

Au XVIe siècle, les hautes terres centrales avaient été en grande partie dégagées de leurs forêts d'origine.

Parmi les facteurs qui ont récemment contribué à la perte de la couverture forestière, on peut citer la croissance de la taille des troupeaux bovins depuis leur introduction il y a environ 1000 ans, la dépendance persistante au charbon de bois comme combustible pour la cuisine et l'importance croissante du café.

Selon une estimation prudente, environ 40% de la couverture forestière originale de l'île a été perdue de 1950 à 2000.

Outre les pratiques agricoles traditionnelles, la conservation de la faune sauvage est perturbée par l'exploitation illicite de forêts protégées, ainsi que par la récolte de bois précieux sanctionnée par l'État dans les parcs nationaux.

Bien qu'interdit par le président Marc Ravalomanana de 2000 à 2009, la récolte de petites quantités de bois précieux dans les parcs nationaux s'est intensifiée de façon spectaculaire sous l'administration d'Andry Rajoelina comme principale source de revenus de l'État.

Il est prévu que toutes les forêts tropicales de l'île, à l'exception de celles situées dans les zones protégées et les pentes les plus escarpées de l'est, auront été déboisées d'ici 2025.

Des espèces envahissantes ont également été introduites par les populations humaines.

Après la découverte en 2014 à Madagascar du crapaud commun d'Asie, un parent d'une espèce de crapaud qui a gravement porté atteinte à la faune en Australie depuis les années 1930, les chercheurs ont averti que le crapaud pourrait «faire des ravages sur la faune unique du pays».

La destruction de l'habitat et la chasse ont menacé de nombreuses espèces de Madagascar.

Les éléphants de l'île ont disparu au XVIIe siècle ou avant, probablement à cause de la chasse humaine d'oiseaux adultes et du braconnage de leurs gros œufs.

De nombreuses espèces de lémuriens géants ont disparu avec l'arrivée des colons humains sur l'île, tandis que d'autres se sont éteintes au cours des siècles avec l'augmentation de la population humaine.

Une évaluation de juillet 2012 a révélé que l'exploitation des ressources naturelles depuis le coup d'Etat de 2009 a eu des conséquences désastreuses pour la faune de l'île: 90% des espèces de lémuriens étaient menacés de disparition, la plus forte proportion de tout groupe de mammifères.

Parmi celles-ci, 23 espèces ont été classées comme en danger critique.

À partir de 2011, les zones protégées par l'État comprenaient cinq Réserves Naturelles Intégrales, 21 Réserves Spéciales et 21 Parcs Nationaux.

En 2007, six des parcs nationaux ont été déclarés sites conjoints du patrimoine mondial. Ces parcs sont Marojejy, Masoala, Ranomafana, Zahamena, Andohahela et Andringitra.

www.ingramcontent.com/pod-product-compliance
Lightning Source LLC
Chambersburg PA
CBHW050145170426
43197CB00011B/1972